죄에서 벗어나

박옥수 지음

도서출판
기쁜소식

저자의 글

종교의 세계에는 오래 전부터 항상 제사가 있었다. 종교마다 제사를 드리는 법에는 각기 차이가 있지만 그 유래는 같다. 구약 시대에 죄를 씻기 위하여 양이나 소를 잡아서 제사한 데에서 모든 제사가 시작된 것이다.

구약 시대에 제사장이 양이나 소를 잡아 제사를 드려서 사람들이 죄를 사함 받았다. 그 시대 사람들이 제사를 드림으로써 실제로 죄를 사함 받았다고 생각했을지 모르지만, 그것은 예수 그리스도의 그림자였다. 그 그림자대로 예수님이 제사의 제물인 어린양이 되어 십자가에 못 박혀 죽으셨다. 그런데 예수님이 십자가에 못 박히시기 전에 요단강에서 세례 요한에게 세례를 받으셨다. '예수님이 왜 세례를 받으셔야 하지?' 성경을 읽으면서 나는 그 부분을 이해할 수 없었다.

구약 성경 레위기 16장 21절에서 **"아론은 두 손으로 산 염소의 머리에 안수하여 이스라엘 자손의 모든 불의와 그 범한**

모든 죄를 고하고 그 죄를 염소의 머리에 두어"라고 하였다. 안수하여 죄를 속죄 제물인 염소에게 넘기고, 죄가 염소에게 넘겨진 뒤 그 염소가 죽음으로써 죄가 사해지는 것이다. 그것과 연결되는 성경이 바로 마태복음 3장에 나오는, 예수님이 세례 요한에게 세례를 받으시는 내용이다.

    예수님이 요단강에 이르러 세례 요한에게 세례를 받으려고 하시자 요한이 굉장히 당황하며 말했다.

    "내가 당신에게 세례를 받아야 할 터인데 당신이 내게로 오시나이까?"

    그때 예수님이 이렇게 말씀하셨다.

    "이제 허락하라. 우리가 이와 같이 하여 모든 의를 이루는 것이 합당하니라."

    모든 의가 이루어지기 위해서는 모든 죄가 사해져야 한다. 예수님은 세례 요한에게 그 사실을 말씀하신 것이다.

예수님의 말씀을 듣고 세례 요한이 예수님에게 세례를 베풀었다. 구약 시대에 제사장이 양의 머리에 안수할 때 죄가 넘어간 것처럼, 세례 요한이 예수님에게 세례를 베풀며 그의 손을 들어 예수님의 머리에 안수할 때 온 인류의 죄가 예수님에게 넘어갔다. 요한복음 1장 29절에서, 이튿날 요한이 예수님을 보고 이렇게 증거했다.

　"보라, 세상 죄를 지고 가는 하나님의 어린양이로다."

　예수님이 우리 죄를 넘겨받으셨고, 이런 정확한 과정을 거쳐 십자가에 못 박혀 죽으심으로 우리 죄를 사하셨다. 예수님이 우리 죄를 다 씻으신 것이 이처럼 분명한데도, 오늘날 이런 성경을 잘 모르기 때문에 교회에 다니지만 죄에서 벗어나지 못하는 사람들이 많다.

　이번에 <죄에서 벗어나>를 발간하게 되어 정말 감사하다.

이 책을 통해서 전 세계에서 죄 사함을 받는 사람들이 많이 일어나고, 또 그 사람들이 성령의 이끌림을 받으며 놀라운 삶을 살길 바란다. 독자 한 분 한 분이 이 책을 읽는 동안 이론이 아니라 실제로 죄에서 벗어나길 바란다. 오랫동안 죄 때문에 고통하던 데에서 벗어나 예수님이 십자가에서 흘리신 피로 거룩해져서 밝고 깨끗한 신앙생활을 하게 되기를 바란다.

2022년 12월 박옥수

목 차

저자의 글

01 강도 만난 자와 선한 사마리아인 … 14

각하의 죄에 대한 하나님의 판결문을 보신 적이 있습니까?
성경에서는 내가 거룩하고 의로워졌다고 했다
저가 한 제물로 거룩하게 된 자들을 영원히 온전케 하셨느니라
보라, 세상 죄를 지고 가는 하나님의 어린양이로다
손으로 짓지 않은 크고 온전한 성전에서
날이 이르니 내가 새 언약을 세우리라
모든 일을 구원자인 선한 사마리아인이 했다
목사님, 내 죄가 씻어진 것을 믿습니다
하늘나라 성전에서 영원한 속죄를 이루사

02 탕자를 사랑한 아버지 … 44

탕자의 아버지와 여러분이 믿는 하나님이 같은 분인가?
OOO의 죄를 지고 가는 하나님의 어린양이로다
그래도 우리가 죄를 지으니 죄인이 아닌가?
네가 거룩해, 영원히 온전하게 되었어
나는 은숙이 애비 믿는 예수 믿고 하늘나라에 가네
우리가 하늘나라에서 만나면 얼마나 좋겠습니까

03 생각을 버리고 하나님의 말씀대로 … 68

신앙생활을 시작하면서 가장 중요한 것
과거로 흘러가지 않고 영원한, 하늘나라의 성전에서
거룩한 하나님 어린양 예수의 그 피로 속죄함 얻었네
예수님이 십자가에 못 박히셔서 형제가 온전하게 되었어
누구를 만나든지 복음을 전하며 산 60년
이제부터는 예수님께 감사하며 찬양하고 사십시오

04 여호와의 말씀을 들을지어다 … 92

하늘에 창을 내신들 어찌 그런 일이 있으리오?
하나님이 주시는 새 힘으로 전갈의 독을 이길 수 있어
의사 선생님! 여기 기적이 일어났어요!
아, 이렇게 죄를 사함 받는구나
그런데 난 네가 무슨 죄를 지었는지 기억이 안 난다
여러분 모두 죄가 씻어졌다는 믿음을 가져서

05 인생의 어두운 밤을 밝히시는 하나님 … 116

제 몸 어디에도 암 세포가 없다고 합니다
복음을 전하도록 저에게 집을 주십시오
어려울 때마다 하나님께만 구했다
아빠, 행복하세요? 전 너무 행복해요
십계명을 법궤에 넣고 그것을 덮은 뚜껑, 속죄소에서
날이 이르리니, 내가 새 언약을 세우리라
우리에게는 율법이 아니라 은혜의 새 언약이 있다

06 말씀을 믿어 하나님과 한마음이 되면 … 144

미국에 사는 언니가 암에 걸려 죽어가고 있어요
현대의학으로는 당신의 병을 고칠 수 없습니다
울지 마요, 남 목사 안 죽어요
사마리아 성으로 가서 이 놀라운 소식을 전하자
예수님을 믿는다고 하면서 왜 죄인이라고 해야 하는가?
의사는 얼마 후에 죽는다고 했지만...
하나님이 의롭다면 우리가 의로운 것이 맞습니다

07 하늘에 창을 내신들 이런 일이 있으리오? … 168

이스라엘 백성들에게 밟혀 죽은 한 장관
무슨 일이 일어나고 있는지 조금 알 뿐인 인간
성경은 두 부류 사람들의 차이에 대해 이야기한다
'그게 말이 돼?'라고 하는, 마음이 높은 사람들
하나님께서 우리를 보고 '의롭다' 하신다
어디서나 우리 죄가 씻어졌다는 복음을 전했다
의롭게 된 사람은 이단, 죄인은 정통?

08 내가 무엇을 하여야 영생을 얻으리이까? … 190

박 이병, 내가 뭐 도와줄 것이 없어요?
율법에 무엇이라 기록되었으며 네가 어떻게 읽느냐?
예수님만 일하셔야 완벽한 구원이 이루어진다
아, 예수님의 피가 내 죄를 영원히 씻었구나
하나님이 함께하시는 것보다 좋은 것이 없다
우리가 잘못했기에 예수님이 우리를 위해 일하셨다

09   예수께서 손가락으로 땅에 쓰시니 … 214

목사님, 우리가 왜 이혼한지 아십니까?
목사님! 목사님! 제 이야기 좀 들어보세요
아들을 내주신 하나님이 무엇을 아끼시겠는가?
주님, 나 같은 인간이 뭐라고 집을 마련해 주십니까?
율법을 지켜서 복을 받겠다는 약속은 깨졌기 때문에
우리에게 필요한 것은 십계명이 아니라 새 언약

10   영원한 속죄와 삶의 축복 … 242

나는 거룩해졌습니다, 나는 의로워졌습니다
그냥 속죄가 아니라 영원한 속죄를 이루셨다
하려고 하는 이야기보다 받은 은혜가 더 크기에
목회자 간증 1 | 이 시간을, 하나님의 사람을 평생
잊지 못할 것입니다
목회자 간증 2 | 들은 말씀들을 벌써 전하기 시작했습니다
목회자 간증 3 | 이제 법궤 안에 있는 십계명이 아니라
속죄소를 바라봅니다

01

강도 만난 자와 선한 사마리아인

제 1 장

강도 만난 자와
선한 사마리아인

누가복음 10장 25절부터 읽겠습니다.

"어떤 율법사가 일어나 예수를 시험하여 가로되 '선생님, 내가 무엇을 하여야 영생을 얻으리이까?' 예수께서 이르시되 '율법에 무엇이라 기록되었으며 네가 어떻게 읽느냐?' 대답하여 가로되 '네 마음을 다하며 목숨을 다하며 힘을 다하며 뜻을 다하여 주 너의 하나님을 사랑하고 또한 네 이웃을 네 몸과 같이 사랑하라 하였나이다.' 예수께서 이르시되 '네 대답이 옳도다. 이를 행하라. 그러면 살리라' 하시니 이 사람이 자기를 옳게 보이려고 예수께 여짜오되 '그러면 내 이웃이 누구오니이까?' 예수께서 대답하여 가라사대 '어떤 사람이 예루살렘에서 여리고로 내려가다가 강도를 만나매 강도들이 그 옷을 벗기고 때려 거반 죽은 것을 버리고 갔더라. 마침 한 제사장이 그 길로 내려가

다가 그를 보고 피하여 지나가고 또 이와 같이 한 레위인도 그곳에 이르러 그를 보고 피하여 지나가되 어떤 사마리아인은 여행하는 중 거기 이르러 그를 보고 불쌍히 여겨 가까이 가서 기름과 포도주를 그 상처에 붓고 싸매고 자기 짐승에 태워 주막으로 데리고 가서 돌보아주고 이튿날에 데나리온 둘을 내어 주막 주인에게 주며 가로되 이 사람을 돌보아 주라 부비가 더 들면 내가 돌아 올 때에 갚으리라 하였으니, 네 의견에는 이 세 사람 중에 누가 강도 만난 자의 이웃이 되겠느냐?' 가로되 '자비를 베푼 자니이다.' 예수께서 이르시되 '가서 너도 이와 같이 하라' 하시니라."(누가복음 10:25~37)

성경을 읽으면서 가장 중요한 것은 예수님을 믿음으로 죄 사함을 받는 것입니다. 얼마 전에 한국의 한 유명한 목사님이 말하기를, 꿈에 자신이 지옥에 갔는데 거기서 회개했더니 천국으로 올라갔다고 했습니다. 말이 안 되는 이야기입니다. 지옥에서 회개한다고 천국에 갈 것 같으면 지옥에 갈 사람이 누가 있겠습니까? 예수님이 말씀하신 부자와 나사로 이야기에서, 부자는 음부에서 고통하고 나사로는 아브라함의 품에 있었습니다. 부자가 아브라함에게 '나사로를 보내 그 손가락 끝에 물을 찍어 내 혀를 서늘하게 해달라'고 애원하자, 아브라함이 여기서 거기로 갈 수 없고 거기서 여기로 올 수도 없다고 했습니다. 지옥에 가서 회개하면 천국에 간다는 것은 말이 안 되는 이야기입니다. 지옥에 간 사람은 거기 영원히 머물러야 합니다.

지옥에서 회개하니 천국에 갔다는 이야기를 왜 하겠습니까? 사람들이 교회에 다니면서 열심히 봉사도 하고 충성도 하고 회개도 하는데 죄를 씻지 못해 죽을 때 불안해하기 때문입니다. 한국 교회에 평생을 교회를 위해 열심히 일하고 헌금도 많이 해서 집사가 되고 장로가 되었지만 죽음 앞에서 벌벌 떠는 사람들이 정말 많습니다.

각하의 죄에 대한 하나님의 판결문을 보신 적이 있습니까?
2012년에 제가 가나에 가서 대학생들을 위한 캠프에서 강연을 했습니다. 학생들이 2,200명 정도 모였는데, 대통령 영부인께서 개막식에 와서 축하 메시지를 전해주셨습니다. 영부인은 바쁘기 때문에 보통 축하 메시지를 전하고 잠시 뒤에 떠나는데, 그날 영부인은 개막식이 끝날 때까지 자리를 지키셨습니다. 행사가 끝난 뒤 영부인이 저에게 다가와 말씀하셨습니다.

"목사님, 드릴 말씀이 있습니다."

"무슨 이야기입니까?"

"대통령께서 몸이 너무 안 좋습니다. 대통령을 위해 기도해 주실 수 있습니까?"

"그렇게 하지요."

다음날 대통령 궁에 가서 존 아타 밀스 대통령을 만났습니다. 대통령께서 저에게 이렇게 이야기하셨습니다.

"목사님, 저는 가나에서 믿음이 제일 좋은 대통령으로 인정받고 있습니다. 경호원들이 제가 교회에 가는 것을 아주 싫어하지만 특별한 일이 없으면 교회에 갔습니다."

경호원들이 대통령을 경호하기 제일 어려운 곳이 교회라고 합니다. 교회에 오는 사람들이 무기를 가지고 있는지 일일이 검사할 수 없는 것부터 여러 가지 이유로 교회에서 경호하는 것이 어렵다고 합니다.

"제가 교회에 열심히 다녔습니다. 그런데 1년 반 전부터 몸이 아파서 치료를 받지만 낫질 않습니다. 오늘 아침 잠에서 깨어 내가 며칠을 더 살 수 있을까 생각했습니다. 많이 살면 5일 살 것 같습니다. 제가 믿음 좋은 대통령으로 인정받고 있지만 저도 사람이라 죄를 지었습니다. 죄가 있으면 지옥에 가는 걸 아는데 죄 사함을 받지 못했습니다."

존 아타 밀스 대통령은 1944년생으로 저와 나이가 같았습니다. 대통령이 죽음 앞에서 두려워하며 이야기하셨습니다.

제가 말했습니다.

"각하, 각하가 죄인이라는 사실을 어떻게 아셨습니까?"

"내가 죄를 지었으니 죄인이 아닙니까?"

"그렇지 않습니다. 가나에서는 죄를 지은 사람이 스스로 자기 죄를 판결해서 '내가 감옥에 3년 가겠다' 합니까? 죄에 대해서는 판사가 판결합니다. 그것처럼 우리 죄에 대해서도 우리가 판결해야 하는 것이 아니라 하나님이 뭐라고 말씀하셨는지 봐야 합니다. 각하의 죄에 대한 하나님의 판결문을 보신 적이 있습니까?"

대통령께서 깜짝 놀라셨습니다.

"목사님, 그런 판결문이 있습니까? 어디에 있습니까?"

"성경에 있습니다. 보시고 싶습니까?"

"예, 보고 싶습니다."

제가 로마서 3장 23절을 펴서 읽었습니다.

"모든 사람이 죄를 범하였으매 하나님의 영광에 이르지 못하더니" (롬 3:23)

이 말씀에서, 모든 사람이 죄를 범해 하나님의 영광에 이르지 못했다고 했습니다. 하나님이 우리 죄에 관해 말씀하신 것으로, 모든 사람이 죄를 지었다고 했습니다. 오늘 이 자리에 앉아 있는 여러분 가운데 죄를 짓지 않은 사람은 한 사람도 없을 것입니다. 우리는 다 죄를 지었습니다. 거짓말하고, 남을 미워하고, 도둑질하고, 간음하고…. 그래서 하나님의 영광에 이를 수 없었습니다. 그런데 24절에 놀라운 이야기가 나옵니다. 다 같이 읽어봅시다.

"그리스도 예수 안에 있는 구속으로 말미암아 하나님의 은혜로 값 없이 의롭다 하심을 얻은 자 되었느니라." (롬 3:24)

여기에 예수님이 이루신 구속이 나옵니다. 이 구속救贖은, 체포해서 몸을 속박하는 구속拘束이 아니라 죄의 값을 지불해서 구원해 낸다는 말입니다. 예수님이 우리 죄를 씻기 위해 십자가에 못 박혀 죽으심으로 우리를 구속하여 주셔서, 우리가 하나님의 은혜로 값 없이 '의롭다 하심을 얻은 자'가 되었습니다. 하나님이 우리를 보고 '의롭다' 하셨습니다.

재판 자리에서 판사가 "무죄. 땅땅땅!" 하면 무죄입니다. 죄인이 아닙니다. 하나님이 우리를 보고 의롭다고, 무죄라고 하셨습니다. 예수님이 우리 대신 벌을 받고 죽으심으로 우리 죄를 다 씻었기 때문입니다. 성경은 분명히 우리가 하나님의 은혜로 의롭게 되었다고 말합니다.

정말 슬픈 것이, 오늘날 한국의 많은 교회에서 죄인이라고 가르칩니다. 수많은 교인들이 "기쁜 날 기쁜 날 주 나의 죄 다 씻은 날"이라고 찬송을 부르고, 기도하자고 하면 "주여, 죄인입니다. 용서해 주옵소서."라고 합니다. 예수님이 분명히 우리 죄를 위해 십자가에 못 박혀 죽으셨는데, 우리 죄를 눈처럼 희게 씻으셨는데 죄인이라고 가르친단 말입니다. 예수님이 얼마나 가슴 아프게 생각하시겠습니까.

성경에서는 내가 거룩하고 의로워졌다고 했다

저는 어려서부터 교회에 다녔고, 교회에서 죄인이라고 배웠습니다. 우리는 어릴 때 어렵게 자랐습니다. 1950년에 6·25전쟁이 터지고, 이듬해 8월 14일에 제 어머니가 세상을 떠나셨습니다. 그때 제가 일곱 살이었습니다. 하루는 아침에 어머니가 화장실에 갔다 오더니 배가 아프다고 누우셨습니다. 그때는 아프다고 병원에 가는 것은 생각도 못하던 시절이었습니다. 그냥 누워 계신 채로 하루 이틀 시간이 흘렀습니다.

제 고향이 경북 선산으로, 고향에 큰 저수지가 있었습니다. 그 저수지에 저장해 놓은 물을 선산 앞들에 대 모내기를 했습니다. 한국전쟁이 터진 6월이 모내기 철이어서 저수지 수문을 열어놓았다가, 전쟁이 터지자 사람들이 수문을 닫지 않고 급히 피난을 떠났습니다. 피난 갔다 다시 고향으로 돌아와서 보니 저수지 물이 다 흘러나가 저수지가 말라 있었습니다. 그래서 이듬해에는 선산 앞들에 모를 한 포기도 심지 못하고, 물이 없어도 자라는 조를 심었습니다. 죄송하지만, 조를 먹고 화장실에 가면 조가 그대로 나왔습니다.

어머니가 많이 아파 돌아가실 것 같아서, 우리 가족은 어머니가 돌아가시기 전에 쌀로 죽을 끓여서 한 숟가락 드리고 싶었습니다. 하지만 선산 어디에서도 쌀을 구할 수 없었습니다. 선산에서 오십 리쯤 떨어진 의성군 안계면에 고모님이 계셨습니다. 그때는 차가 없어서 그곳까지 걸어가, 고모님이 쌀을 두 되 구해 주셨습니다. 그 쌀을 가지고 와서 바로 죽을 끓여 어머니에게 드렸는데, 어머니가 한 숟가락을 드시지 못하고 숨을 거두셨습니다. 한 숟가락만 드시고 가셨어도 가슴이 덜 아플 것 같았습니다.

어머니가 돌아가신 뒤 아버지는 전쟁 물자 나르는 일을 하러 가셨고, 나이 많은 형님도 바로 군대에 가셨습니다. 한 달 사이에 아버지, 어머니, 형님, 모두 집을 떠나셨습니다. 집안에 어른은 없고 아이들만 남았습니다. 큰누님이 열다섯 살, 작은누님이 열세 살, 제가 여덟 살, 동생은 네 살이었습니다. 어느 날 우리는 점심을 굶었습니다. 먹을 것이 없어서 저녁도 굶었습니다. 그리고 자는데 자다가 이상한 소리가 나서 일어나 보니 큰누님이 혼자 울고 있었습니다. 자고 있던 우리 모두 깨서 다 같이 울었습니다. 굉장히 어렵게 살았습니다.

제가 교회에 다녔지만 나이가 열다섯 살쯤 되면서 도둑질을 했습니다. 밀이 익어갈 때 친구들과 함께 남의 밭에 있는 밀 이삭들을 꺾어 품에 넣고 산으로 올라가서, 불을 피워 이삭을 구운 뒤 손으로 비벼 입으로 '후' 불면 껍질은 날아가고 알곡만 남았습니다. 구운 밀이 그렇게 맛있었습니다. 남의 집 감도 따먹고, 감자도 캐먹었습니다.

죄를 많이 지어서 저는 지옥에 갈 수밖에 없는 사람이라는 것을 알았습니다. 죄를 씻고 싶어서 매일 새벽에 교회에 가서 기도하고,

성경을 읽었습니다. 성경에는 제 생각과 다르게 놀라운 이야기들이 있었습니다. 그 가운데 하나인 고린도전서 6장 10절을 한번 찾아보겠습니다.

"도적이나 탐람하는 자나 술 취하는 자나 후욕하는 자나 토색하는 자들은 하나님의 나라를 유업으로 받지 못하리라."(고전 6:10)

성경은 죄가 있는 사람은 천국에 갈 수 없다는 사실을 분명히 이야기합니다. 그런데 여기까지만 봐서는 안 됩니다. 그 뒤에도 계속 봐야 합니다. 10절에 하늘나라에 가지 못하는 사람들이 나옵니다. 그리고 11절에 기가 막힌 말씀이 이어집니다.

"너희 중에 이와 같은 자들이 있더니 주 예수 그리스도의 이름과 우리 하나님의 성령 안에서 씻음과 거룩함과 의롭다 하심을 얻었느니라."(고전 6:11)

너희 중에 이와 같은 자들이 있다고 했습니다. 10절에 기록된 것 같은 죄를 지은 자들이 있다는 것입니다. 그런데 예수 그리스도의 이름과 하나님의 성령 안에서 씻음과 거룩함과 의롭다 하심을 얻었다고 했습니다. 예수님이 십자가에 못 박혀 죽으심으로 죄가 씻어져서 우리가 거룩하고 의로워졌다는 것입니다.

저는 도둑질과 거짓말을 많이 해서 분명히 지옥에 간다고 생각했습니다. 지옥에 가기 싫어서 죄를 씻어 보려고 발버둥을 쳤습니다. 새벽마다 교회에 가서 회개하고 무얼 해도 죄가 씻어지지 않았습니다. 그러다가 성경을 읽기 시작했는데 성경에는 제가 생각하는 것과 전혀 다른 이야기가 기록되어 있었습니다.

"너희 중에 이와 같은 자들이 있더니 주 예수 그리스도의 이름과

우리 하나님의 성령 안에서 씻음과 거룩함과 의롭다 하심을 얻었느니라."(고전 6:11)

　성경에서는, 내 죄가 씻어졌고 내가 거룩하고 의로워졌다고 했습니다. 이 말이 박옥수 목사가 하는 말입니까, 하나님의 말씀입니까? 하나님의 말씀입니다! 이 말씀을 처음 읽었을 때 기가 막혔습니다. '허허, 내 죄가 씻어졌다, 내 죄가 씻어졌어.' 너무 감사했습니다.

저가 한 제물로 거룩하게 된 자들을 영원히 온전케 하셨느니라
합천에 우리 선교회에 속한 교회가 있습니다. 하루는 저에게 전화가 왔습니다.
　"목사님, 합천 교회인데 우리 교회에 한 번만 와 주십시오."
　못 가겠다고 할 수 없어서 가겠다고 했지만 바빠서 틈이 나지 않았습니다. 그 해 겨울에 진주에 있는 진주문화예술회관에서 크리스마스 칸타타 공연이 있었습니다. 저도 함께 가서 공연 중간에 성탄 메시지를 전했습니다. 공연이 끝나고, 그 기회에 합천 교회를 방문해야겠다고 생각했습니다. 요즘은 시골에도 도로가 아주 잘 놓여 있었습니다. 진주에서 밤 10시경에 출발해서 합천에 10시 반쯤 도착했습니다. 교회에 성도들이 20명가량 모여 저에게 이런저런 이야기를 하고, 제가 말씀을 전했습니다. 모임을 마치고 자려고 하는데 한 부인이 저를 찾아와 울면서 말했습니다.
　"목사님, 저는 남편하고 도저히 못 살겠어요."
　왜 그러냐고 이유를 물었습니다. 결혼한 지 23년 된 부인으로, 남편이 결혼하고 2~3년 지나면서 술을 마시기 시작하더니 이제는 독한 소주를 사발에 부어 마신다고 했습니다. 하루에 소주를 열 병씩 마셔, 그 부인이 직장에 갔다 집에 오면 제일 고통스러운 일이 소주병을 치우는 것이라고 했습니다. 소주병이 마루에도 있고, 거실에도 있고, 안방에도 있고…. 대화도 안 되고, 남편하고 더 이상 못 살겠다고 했습니다. 제가 울지 말고 다음날 아침에 남편을 데리고 오라고 했습니다.

이튿날 아침에 그 부인이 남편과 함께 왔습니다. 남편은 새벽에 일어나 바로 소주 한 병을 마셔 입에서 술 냄새가 풀풀 났습니다. 제가 성경을 펴서 그 남편에게 히브리서 10장 14절을 읽어보라고 했습니다.

"저가 한 제물로 거룩하게 된 자들을 영원히 온전케 하셨느니라." (히 10:14)

예수님이 제물로 드려져서 우리가 거룩하게 되었고, 거룩하게 된 자들을 영원히 온전케 하셨다고 했습니다. 히브리서 10장 10절에서는 이렇게 말합니다.

"이 뜻을 좇아 예수 그리스도의 몸을 단번에 드리심으로 말미암아 우리가 거룩함을 얻었노라."(히 10:10)

성경에서 우리가 거룩해졌다고 했습니다. 어떻게 해서 그렇게 되었습니까? 새벽기도를 해서요? 회개해서요? 십일조를 내서요? 아닙니다. 우리가 무엇을 해서 거룩해진 것이 아닙니다. 예수님이 우리를 위해 일하셨습니다. 무슨 일을 하셨습니까? 우리가 받아야 할 죄의 벌을 예수님이 다 받으셨습니다. 예수님이 한 번 십자가에 못 박혀 죽으심으로 우리 죄가 끝나 우리가 거룩해졌습니다.

슬픈 사실은, 오늘날 많은 교회에서 죄인이라고 가르칩니다. 수많은 교인들이 자신이 죄인이라고 합니다. 평생 예수님을 믿으며 교회에서 장로가 되어 재산을 바치고 봉사하다가 죽음 앞에 서면 두려워합니다.

"날 좀 어떻게 해줘! 내가 지금 죽는데 죄가 있어서 지옥에 가."

죄 사함을 확실히 받지 못하면 그렇게 될 수밖에 없습니다.

보라, 세상 죄를 지고 가는 하나님의 어린양이로다

저는 어려서부터 도둑질도 많이 하고 거짓말도 많이 했습니다. 죄를 지었지만 지옥에 가긴 싫었습니다. 하지만 죄가 많아서 분명히 지옥에 간다고 생각했습니다. 성경을 읽었습니다. 읽고 또 읽었습니다. 올 봄에 제가 이스라엘에 가서 수석 랍비와 성경 이야기를 해서 제가 이겼습니다. 나중에 그분이 말하기를, 제가 신구약 성경을 거의 다 외운다고 했습니다. 제가 성경을 다 외우지는 못하지만 성경을 정말 많이 읽었습니다.

죄를 사함 받기 위해 성경을 찾고 또 찾았습니다. 하루는 성경에서 속죄에 관한 말씀을 읽었습니다. 레위기 4장에 속죄제사에 대해 기록되어 있었습니다. 제사장이 죄를 지었을 때, 회중이 죄를 지었을 때, 족장이 죄를 지었을 때, 평민이 죄를 지었을 때 각각 어떻게 죄를 사함 받는지 기록되어 있었습니다. 저는 평민이니까 평민이 죄를 사함 받는 이야기를 자세히 읽었습니다.

"만일 평민의 하나가 여호와의 금령 중 하나라도 부지중에 범하여 허물이 있었다가 그 범한 죄에 깨우침을 받거든 그는 흠 없는

암염소를 끌고 와서 그 범한 죄를 인하여 그것을 예물로 삼아"(레 4:27~28)

여기까지는 그냥 읽었습니다. 그런데 29절에 이해하기 힘든 내용이 있었습니다.

"그 속죄제 희생의 머리에 안수하고 그 희생을 번제소에서 잡을 것이요"(레 4:29)

속죄제사의 제물이 될 염소의 머리에 안수를 하라고 하는데 그 이유를 알 수 없었습니다.

'왜 염소 머리에 안수를 하지? 목사가 되거나 장로가 될 때 안수하는데 염소가 목사나 장로가 되는 것도 아니고, 무엇 때문에 안수를 하지?'

성경이 재미있는 것은 "너희는 여호와의 책을 자세히 읽어보라 이것들이 하나도 빠진 것이 없고 하나도 그 짝이 없는 것이 없으리니…."(사 34:16)라고 했습니다. 하나님이 사람을 남자와 여자로 짝을 지어 만드신 것처럼 성경에도 짝이 있다는 것입니다. 왜 양이나 염소의 머리에 안수하는지 성경에서 그 짝을 찾으려고 애를 썼습니다. 요즘은 컴퓨터에서 검색하면 구절이 금방 나오지만 그때는 성경을 일일이 읽어서 찾아야 했습니다. 그 후로 성경을 여러 번 읽어도 찾지 못하다가, 어느 날 드디어 그 짝을 찾았습니다.

"아론은 두 손으로 산 염소의 머리에 안수하여 이스라엘 자손의 모든 불의와 그 범한 모든 죄를 고하고 그 죄를 염소의 머리에 두어 미리 정한 사람에게 맡겨 광야로 보낼지니"(레 16:21)

여기 보면, 아론이 염소의 머리에 안수해서 죄를 염소의 머리에

둔다고 했습니다. 속죄제사를 드릴 때 안수하는 것은 죄를 양이나 염소에게 넘기는 것입니다. 죄를 넘긴 뒤 염소가 죽으면 죄가 씻어졌습니다. 이것이 구약 시대에 드린 속죄제사였습니다.

이 이야기의 짝이 신약 성경에 나옵니다. 마태복음에서 세례 요한이 요단강에서 "회개하라! 천국이 가까웠느니라!"라고 소리쳐 많은 사람들이 세례를 받으러 나왔습니다. 그때 예수님도 요단강에 가서 세례 요한에게 세례를 받으려고 했습니다. 요한이 예수님을 보고 "내가 당신께 세례를 받아야 할 텐데 당신이 내게 오시나이까?"라고 했습니다. 그러자 예수님이 "이제 허락하라. 우리가 이와 같이 하여 모든 의를 이루는 것이 합당하니라."라고 하셨습니다. 그 말을 듣고 요한이 세례를 베풀었습니다. 예수님이 세례 요한에게 세례를 받는데 어떻게 모든 의가 이루어집니까? 모든 의는 모든 죄가 사해지면 이루어집니다. 요한이 예수님의 머리에 안수하고 세례를 베풀었는데, 그 안수가 인류의 죄를 예수님에게 넘기는 과정이었습니다. 이튿날 요한이 예수님을 보고 이렇게 증거했습니다.

"보라, 세상 죄를 지고 가는 하나님의 어린양이로다."

요한이 예수님의 머리에 안수할 때 세상 죄가 예수님에게 건너갔습니다. 박옥수 목사의 죄가 어디로 갔습니까? 예수님에게 건너갔습니다. 여러분의 죄는요? 예수님에게 건너갔습니다. 우리가 그것을 믿는 것입니다.

예수님은 죄를 짓지 않으셨습니다. 그런데 왜 십자가에 못 박히셨습니까? 우리 죄가 다 예수님에게 넘어갔기 때문입니다. 예수님이 십자가에 못 박혀 돌아가실 때 마지막으로 하신 말씀이 "다 이루었다!"입니다. 우리 죄를 씻는 일을 다 이루셨습니다.

손으로 짓지 않은 크고 온전한 성전에서

제가 소년 시절에 도둑질도 많이 하고 나쁜 짓을 많이 했습니다. 그래서 죽으면 분명히 지옥에 간다고 믿었습니다. 죄를 씻고 싶지만 길이 없어서 성경을 읽고 읽고 읽었습니다. 성경을 읽기 전에 소설을 많이 읽었는데, 한번은 도스토옙스키가 쓴 '죄와 벌'이라는 책을 읽었습니다. 소설의 무대가 상트페테르부르크로 나중에 제가 러시아에 갔을 때 그 장소에 한번 가보았습니다. 소설의 주인공인 라스콜리니코프가 전당포 노파를 죽여 형사 포르피리가 그를 뒤쫓는데, 소설을 읽으면서 제가 주인공이 되어 형사에게 쫓기는 것 같았습니다. 정말 재미있어서 두 번을 이어서 읽고, 세 번째는 재미있는 대목만 찾아서 읽었습니다. 하지만 네 번은 읽기 힘들었습니다.

성경은 희한한 것이, 읽어도 읽어도 마음이 끌립니다. 제가 성경을 한 페이지 읽는 데 2분이 걸립니다. 하루에 10시간씩 읽으면 6일이면 신구약 성경을 한 번 읽습니다. 제가 젊어서는 일주일에 한 번씩 성경을 읽곤 했습니다. 성경을 열 번 읽고, 스무 번 읽고, 서른 번 읽고, 마흔 번, 쉰 번, 예순 번, 일흔 번…. 그 뒤로는 몇 번 읽었는지 세는 것을 잊어버렸습니다. 성경을 거의 외우다시피 한 부분이 많은데도 또 읽으면 새롭습니다.

그 가운데 가장 중요하고 분명한 사실이 예수님이 우리 죄를 위해 죽으셨다는 것입니다. 구약 시대에 양을 잡아서 속죄제사를 드린 것은 예수님의 죽음을 나타내는 그림자였습니다. 양의 머리에 안수하면 죄가 양에게 건너가고, 양이 피를 흘리고 죽으면 그 피를 번제단 뿔에 발랐습니다. 왜 피를 번제단 뿔에 바릅니까? 그것도 짝이 있습니다.

"유다의 죄는 금강석 끝 철필로 기록되되 그들의 마음 판과 그들의 단 뿔에 새겨졌거늘"(렘 17:1)

번제단 뿔에 죄가 새겨져 있어서, 죄의 삯인 사망을 지불한 피로 제단 뿔에 발라서 죄의 기록을 다 지우는 것입니다. 이 이야기의 짝이 히브리서에 나옵니다.

"그리스도께서 장래 좋은 일의 대제사장으로 오사 손으로 짓지 아니한, 곧 이 창조에 속하지 아니한 더 크고 온전한 장막으로 말미암아 염소와 송아지의 피로 아니하고 오직 자기 피로 영원한 속죄를 이루사 단번에 성소에 들어가셨느니라."(히 9:11~12)

성전이 두 개가 있습니다. 하나는 손으로 지은 땅에 있는 성전이고, 하나는 하늘나라에 있는 성전입니다. 히브리서 9장 11절의 '손으로 짓지 아니한, 곧 이 창조에 속하지 아니한 더 크고 온전한 장막'은 하늘나라 성전을 가리킵니다. 예수님은 이 땅에 있는 성전이 아니라 하늘나라 성전에서, 염소와 송아지의 피가 아닌 자기 피로 '영원한 속죄'를 이루셨습니다.

저는 여러분에게 이 이야기를 간절히 하고 싶습니다. 제가 1962년에 이 사실을 깨닫고 죄 사함을 받은 뒤 성경을 정말 많이 읽었습니다. 많은 부분을 외울 만큼 읽었습니다. 성경 어딜 봐도, 우리 죄가 예수님의 피로 씻어졌습니다. 그런데 오늘날 교회에 다니는 많은 사람들이 죄인이라고 말합니다. 예수님이 얼마나 가슴이 아프시겠습니까. 오늘 여러분의 생각이 어떠하든지 그 생각을 버리고 하나님의 말씀을 믿는 것이 하나님을 믿는 것입니다.

사람들이 교회에서 찬송을 부릅니다. "금이나 은같이 없어질 보배로 속죄함 받은 것 아니요 거룩한 하나님 어린양 예수의 그 피로 속죄함 받았네" 그러고는 기도할 때 "주여, 죄인입니다." 합니다. 하나님이시니까 괜찮지 우리 같으면 많이 헷갈릴 것입니다. 예수 그리스도의 피로 우리 죄가 씻어졌습니다. 그것을 믿는 것이 예수를 믿는 것입니다.

날이 이르리니 내가 새 언약을 세우리라

몇 달 전에 제가 이스라엘에 가서 우연한 인연으로 제일 높은 랍비를 만났습니다. 그분과 성경을 놓고 오랜 시간 이야기했습니다. 유대인들은 신약 성경을 믿지 않기 때문에 제가 구약 성경을 가지고 이야기했습니다.

구약 성경 예레미야에 보면, 이스라엘 백성이 바벨론에 포로로 잡혀갔을 때 하나님이 예레미야를 통해 '이스라엘을 불쌍히 여겨 다시 돌아오게 하겠다'고 이야기하십니다. 그 내용 가운데 예레미야 31장 31절에 기가 막힌 말씀이 나옵니다.

"나 여호와가 말하노라. 보라 날이 이르리니 내가 이스라엘 집과 유다 집에 새 언약을 세우리라."(렘 31:31)

하나님이 새 언약을 세우겠다고 하셨습니다. 첫 번째 언약은 언제 세우셨습니까? 하나님이 이스라엘 백성을 이집트에서 인도해 나와 홍해를 건너 시나이 반도에 이르렀을 때, 하나님이 모세를 통해 이스라엘 백성에게 '너희가 내 말을 잘 듣고 행하면 복을 준다'고 하셨습니다. 그때 이스라엘 백성이 일제히 "여호와의 명하신 대로 우리가 다 행하리이다."라고 했습니다. 그런데 인간이 하나님의 법을 다 지킬 수 있습니까? 없습니다. 하나님이 주신 율법을 어기면 저주를 받아야 했습니다. 이스라엘 백성들이 하나님이 주신 율법을 어겨 바벨론에 포로로 잡혀갔습니다.

예레미야 성경에서, 하나님이 이스라엘 백성을 불쌍히 여겨 그들을 예루살렘으로 다시 돌아오게 하여 복되게 살게 하려고 하셨습니다. 그렇게 하려면 법을 바꿔야 했습니다. 그래서 예레미야 31장 31절에서 '새 언약을 세우겠다'고 하셨습니다. 새 언약은, 첫 언약과 다르다고 했습니다.

"나 여호와가 말하노라. 이 언약은 내가 그들의 열조의 손을 잡고 애굽 땅에서 인도하여 내던 날에 세운 것과 같지 아니할 것은 내가 그들의 남편이 되었어도 그들이 내 언약을 파하였음이니라."(렘 31:32)

이스라엘 백성이 처음에 율법을 지키겠다고 약속했지만 어겼습니다. 그래서 하나님이 율법과 다른 새 언약을 세우기로 하셨습니다.

"나 여호와가 말하노라. 그러나 그날 후에 내가 이스라엘 집에 세울 언약은 이러하니 곧 내가 나의 법을 그들의 속에 두며 그 마음에 기록하여 나는 그들의 하나님이 되고 그들은 내 백성이 될 것이라."(렘 31:33)

새 언약은 십계명처럼 돌판에 기록하는 것이 아니라 우리 마음에 기록하겠다고 하셨습니다.

"그들이 다시는 각기 이웃과 형제를 가리켜 이르기를 '너는 여호와를 알라' 하지 아니하리니 이는 작은 자로부터 큰 자까지 다 나를 앎이니라. 내가 그들의 죄악을 사하고 다시는 그 죄를 기억지 아니하리라. 여호와의 말이니라."(렘 31:34)

34절에 새 언약의 내용이 나옵니다. **"내가 그들의 죄악을 사하고 다시는 그 죄를 기억지 아니하리라."** 첫 번째 언약에서는 인간이 율법을 지키면 복을 받고 지키지 못하면 저주를 받아야 했습니다. 새 언약에서는 인간이 무엇을 하는 것이 아니라 하나님이 일하십니다. 하나님이 우리 죄를 사한다고 하셨습니다. 누가 우리 죄를 사합니까? 하나님이! 하나님이 예수님을 세상에 보내셔서 예수님이 십자가에서 피를 흘리고 죽어 우리 죄를 다 씻었습니다.

예수님이 세상에 계실 때 한 여자가 간음하다가 잡혔습니다. 서기관들과 바리새인들이 그 여자를 예수님 앞으로 끌고 와서 예수님께 물었습니다.

"선생이여, 이 여자가 간음하다가 현장에서 잡혔나이다. 모세는 율법에 이러한 여자를 돌로 치라 명하였거니와 선생은 어떻게 말하겠나이까?"

율법대로 하면 이 여자는 돌에 맞아 죽어야 했습니다. 율법에 그렇게 되어 있습니다. 이 여자를 살리려면 어떻게 해야 합니까? 율법이 아닌 새 언약이 필요합니다. 그래서 예수님이 손가락으로 땅에 글씨를 쓰셨습니다. 하나님이 첫 번째 언약을 세우실 때 손가락으로 돌판에 십계명을 써서 주신 것처럼, 예수님이 새 언약을 쓰신 것입니다. **"내가 그들의 죄악을 사하고 다시는 그 죄를 기억지 아니하리라."** 이 말씀대로 하나님이 예수님을 보내 우리 죄를 사하셨고, 다시는 우리 죄를 기억하시지 않습니다.

모든 일을 구원자인 선한 사마리아인이 했다

오늘 읽은 성경에서, 어떤 율법사가 예수님에게 나와 물었습니다.

"선생님, 내가 무엇을 하여야 영생을 얻으리이까?"

예수님이 되물으셨습니다.

"율법에 무엇이라 기록되었으며 네가 어떻게 읽느냐?"

율법사가 대답했습니다.

"마음을 다하며 목숨을 다하며 힘을 다하며 뜻을 다하여 주 너의 하나님을 사랑하고 또한 네 이웃을 네 몸과 같이 사랑하라 하였나이다."

예수님이 그렇게 하면 된다고 하셨습니다. 그러나 사람이 어떻게 마음과 목숨과 힘과 뜻을 다해 하나님을 사랑하고 이웃을 자기 몸처럼 사랑할 수 있습니까? 못 합니다. 예수님이 거기서 말을 마치신 것이 아니라 강도 만난 자 이야기를 하셨습니다.

어떤 사람이 예루살렘에서 여리고로 내려가다가 강도를 만나, 강도들이 그를 때려 죽을 지경이 된 것을 버리고 갔습니다. 그곳으로 제사장과 레위인이 지나갔지만 그냥 지나가고, 선한 사마리아인이 이 사람을 살려 주었습니다. 선한 사마리아인은 예수님을 가리킵니다. 이 이야기에서 강도 만난 자가 구원받기 위해 자신이 무슨 일을 한 것이 아니라 사마리아인이 다 했습니다.

"어떤 사마리아인은 여행하는 중 거기 이르러 그를 보고 불쌍히 여

겨 가까이 가서 기름과 포도주를 그 상처에 붓고 싸매고 자기 짐승에 태워 주막으로 데리고 가서 돌보아 주고 이튿날에 데나리온 둘을 내어 주막 주인에게 주며 가로되 '이 사람을 돌보아 주라. 부비가 더 들면 내가 돌아올 때에 갚으리라' 하였으니"(눅 10:33~35)

여기에서 강도 만난 자가 한 일이 있습니까? 없습니다. 전부 구원자인 선한 사마리아인이 했습니다. 선한 사마리아인이 거기 이르렀고, 그를 보고 불쌍히 여겼고, 가까이 갔고, 기름과 포도주를 상처에 붓고 싸맸고, 자기 짐승에 태웠고, 주막으로 데리고 가서 돌보아 주었고, 주막 주인에게 두 데나리온을 주며 그를 돌봐 주라고 하며 돈이 더 들면 돌아올 때 갚겠다고 했습니다. 강도 만난 자가 한 일은 누워 있는 것밖에 없었습니다.

이 사마리아인은 예수님을 가리킵니다. 구원은 우리가 이루는 것이 아닙니다. 구원자인 예수님이 하십니다. 예수님이 우리 죄를 사하는 일을 다 하셨습니다. 십자가에 못 박혀 죽어 우리 죄를 완벽하게 씻으셨습니다.

목사님, 내 죄가 씻어진 것을 믿습니다
저는 전 세계 여러 나라에 가서 집회를 많이 합니다. 제가 만난 대통령만 마흔 분 가까이 됩니다. 그분들을 만나면 복음을 전합니다. 가나의 존 아타 밀스 대통령을 만났을 때에도 죄를 사함 받는 이야기를 했습니다.

"각하, 각하의 죄에 대한 하나님의 판결문을 보신 적이 있습니까?"
"그게 어디에 있습니까?"

로마서 3장을 펴서 읽어 드렸습니다.

"모든 사람이 죄를 범하였으매 하나님의 영광에 이르지 못하더니, 그리스도 예수 안에 있는 구속으로 말미암아 하나님의 은혜로 값 없이 의롭다 하심을 얻은 자 되었느니라."(롬 3:23~24)

우리가 다 죄를 지어 하나님의 영광에 이를 수 없었지만, 예수님의 구속으로 말미암아 하나님이 우리를 의롭다 하셨다는 말씀을 설명해 드렸습니다.

"각하, 예수님이 각하의 죄를 다 씻어서 하나님께서 각하를 보고 의롭다고 하셨습니다. 그러면 각하는 의로운 것입니다. 죄인이 아닙니다."

"목사님, 감사합니다. 내 죄가 씻어진 것을 믿습니다."

그날 존 아타 밀스 대통령이 구원을 받으셨습니다. 그리고 몇 시간 뒤 주님 품으로 가셨습니다. 영부인께서 저에게 정말 고마워하셨습니다.

이번 집회에 에스와티니에서 목사님 두 분이 오셨습니다. 국왕께서 그분들 편에 저에게 편지를 보내셨습니다. 몇 년 전에, 그라시아스 음악학교 학생들이 그 나라로 해외 봉사를 갔습니다. 한번은 국립대학교 졸업식이 있어서 두 학생이 그곳에 찾아가 행사를 진행하는 사람에게 말했습니다.

"저희는 한국에서 온 음악학교 학생들로 노래를 잘합니다. 오늘 졸업식에서 저희가 노래를 불러드리고 싶습니다."

그러자 진행자가 안 된다고 했습니다.

"오늘 국왕께서 오시기 때문에 순서를 못 바꾼다."

"알겠습니다. 그럼 앉아서 졸업식을 구경하고 갈게요."

두 학생이 자리에 앉아 있는데 잠시 후 진행자가 찾아왔습니다.

"지금 사람들은 다 왔는데 국왕께서 오시지 않았다. 너희가 잠깐 노래를 불러줄래?"

"좋아요. 몇 곡을 부를까요?"

"세 곡을 불러라."

학생들이 무대에 올라가 노래를 부르기 시작했습니다. 그 사이에 국왕이 와서 자리에 앉으셨습니다. 졸업식이 끝난 뒤 국왕께서 식전에 노래를 부른 학생들을 불러 오라고 하셨습니다. 국왕께서 두 학생에게 물었습니다.

"너희는 어느 나라에서 왔냐?"

"저희는 한국에서 해외봉사를 하러 온 음악학교 학생들입니다. 우리가 소속되어 있는 IYF(International Youth Fellowship)를 설립하신 목사님이 열흘 후에 에스와티니에 오십니다."

학생들의 이야기를 듣고 국왕께서 한 장관에게 '목사님이 입국하는 시간을 알아놓았다가 도착하면 왕궁으로 모시고 오라'고 하셨습니다. 저는 그런 줄도 모르고 에스와티니 공항에 내려서 입국 수속을 밟으려고 하는데 어떤 분이 다가와 물었습니다.

"혹시 박옥수 목사님입니까?"

"그렇습니다."

그분이 저를 귀빈실로 데리고 갔습니다. 자신이 장관이라고 하고 국왕께서 목사님을 모시고 오라고 했다며 저를 차에 태워 왕궁으로 갔습니다. 국왕을 뵙는 시간이 얼마나 되느냐고 물으니 40분이라고 했습니다. 한 나라의 원수를 만날 때에는 시간을 지켜야 합니다. 제가 국왕을 만나 일행들과 함께 인사한 뒤, 남은 30분 동안 죄 사함에 관해 이야기하고 40분이 되었을 때 이야기를 마쳤습니다. 그러자 국왕께서 저를 보고 말씀하셨습니다.

"목사님, 말씀을 더 전해 주세요."

30분을 더 이야기했습니다.

"목사님, 더 전해 주세요."

다시 30분을 더 이야기해 모두 90분 동안 복음을 전했습니다. 그날 국왕께서 죄 사함을 받고 정말 기뻐하셨습니다. 저에게 1만 5천 평의 땅을 주며 거기에 센터를 지으라고 하셨습니다. 그 땅의 경관이 너무 아름다워서 제가 국왕께 다시 부탁을 드렸습니다.

"폐하, 우리에게 주신 산이 정말 좋아서 나무들을 잘라내고 건물을 짓기에는 너무 아깝습니다. 땅을 조금 더 주시면 나무들을 자르지 않고 건물을 지을 수 있겠습니다."

국왕께서 다시 3만 3천 평의 땅을 주셔서 그곳에 지금 센터를 짓고 있습니다. 건물이 지금 3층까지 올라갔습니다. 국왕과 제가 친하게 지내고, 이번에도 국왕께서 집회에 참석한 목사님들 편으로 편지를 보내셨습니다.

히브리서 10장에 놀라운 말씀들이 있습니다.

"이 뜻을 좇아 예수 그리스도의 몸을 단번에 드리심으로 말미암아 우리가 거룩함을 얻었노라."(히 10:10)

우리가 선한 일을 해서 거룩해지는 것이 아닙니다. 예수님이 몸을 드리심으로 말미암아 우리 죄가 씻어져서 우리가 거룩해졌습니다.

"제사장마다 매일 서서 섬기며 자주 같은 제사를 드리되 이 제사는 언제든지 죄를 없게 하지 못하거니와 오직 그리스도는 죄를 위하여 한 영원한 제사를 드리시고 하나님 우편에 앉으사 그 후에 자기 원수들로 자기 발등상이 되게 하실 때까지 기다리시나니"(히 10:11~13)

구약 시대에 드린 제사는 죄를 영원히 씻지 못하기 때문에 자주 제사를 드려야 했지만, 예수님은 영원한 제사를 드리셨기 때문에 하나님 우편에 앉아 계십니다.

"저가 한 제물로 거룩하게 된 자들을 영원히 온전케 하셨느니라." (히 10:14)

예수님이 속죄 제물로 드려져 우리를 거룩하게 하셨고, 영원히 온전케 하셨습니다.

서두에 이야기한, 합천에서 만난 술에 빠져 사는 형제에게 제가 히브리서 10장 14절을 읽어 주었습니다. 그리고 물었습니다.

"형제, 온전해?"

"안 온전합니다."

술에 빠져 사는 사람이 어떻게 자신이 온전하다고 말하겠습니까?

"예수님이 십자가에 못 박히셔서 형제가 거룩하게 되었고 온전하게 되었어. 성경에 그렇게 되어 있지?"

"예."

"형제, 온전해?"

"안 온전합니다."

"성경은 온전하다고 하는데 형제는 온전하지 않다고 하고, 성경이 맞아 형제 말이 맞아?"

"성경이 맞습니다."

"그럼 온전해?"

20분 정도 싸운 뒤 형제가 온전하다고 대답하고 돌아갔습니다.

다음날, 형제가 아침에 일어났을 때 소주를 마시고 싶은 생각이 일어나지 않았습니다. 술이 끊어졌습니다. 제가 형제에게 우리 선교회의 신학교에 들어오라고 했습니다. 형제가 신학교에 입학해서 지금은 목회를 하고 있습니다. 누구보다 그의 아내가 한없이 행복해합니다.

하늘나라 성전에서 영원한 속죄를 이루사

여러분이 거룩하게 살려면 거룩해져야 합니다. 우리가 거룩해지는 것은 선하게 살아서 되는 것이 아닙니다. 예수님이 우리를 깨끗하게 씻어서 거룩하게 만드셨습니다. 그것을 믿으면 여러분이 거룩합니다. 여러분은 지금까지 자신의 생각을 믿었습니다. 여러분의 생각을 버리고 말씀을 믿으십시오. 성경이 말씀하길, 예수님이 십자가에 못 박혀서 우리 죄가 다 씻어졌다고 했습니다. 죄가 다 씻어지면 죄인이 아닙니다. 저도 옛날에는 죄인이라고 했지만 지금은 죄인이라고 하지 않습니다.

제가 죄 사함을 받은 지 올해로 60년이 되었습니다. 지난 60년 동안 전 세계를 다니며 이 복음을 전했습니다. 얼마 전에는 브라질에 가서 대통령을 만나 죄 사함에 대해 이야기했습니다. 그리고 '어셈블리 오브 갓 Assembly of God'이라는 교회에 초대를 받아 갔습니다. 거기 모여 있는 목회자 2천 명에게 한 시간 반 동안 말씀을 전했습니다. 말씀을 마치고, 총회장 목사님이 너무 기뻐하면서 같이 일하자고 했습니다. "이 교회는 박 목사님의 교회입니다."라고 했습니다.

전 세계에서 많은 목회자들이 제가 전하는 말씀을 듣고 죄 사함을 받아 기뻐하며 우리와 같이 일하자고 합니다. 그래서 제가 바쁘게 세계 곳곳을 다닙니다. 이번에도 외국에서 100여 분 가까운 목회자들이 이 자리에 오셨습니다.

저도 죄를 지었고, 여러분도 죄를 지었습니다. 그 죄를 씻기 위해 예수님이 십자가에 못 박히셨습니다. 예수님은 십자가에서 흘리신 피를 하늘나라 성전에 뿌리셨습니다.

"그리스도께서 장래 좋은 일의 대제사장으로 오사 손으로 짓지 아니한, 곧 이 창조에 속하지 아니한 더 크고 온전한 장막으로 말미암아 염소와 송아지의 피로 아니하고 오직 자기 피로 영원한 속죄를 이루사 단번에 성소에 들어가셨느니라."(히 9:11~12)

이 땅은 시간계時間界여서 과거가 있고 현재가 있고 미래가 있습니다. 하늘나라는 영원계永遠界여서 과거도 없고 미래도 없고 현재만 있습니다. 예수님이 거기에서 죄를 사했기 때문에 우리 죄가 영원히 씻어졌습니다. 다시 죄를 씻어야 할 필요가 없습니다.

"이것을 사하셨은즉 다시 죄를 위하여 제사 드릴 것이 없느니라." (히 10:18)

우리는 더 이상 죄인이 아닙니다. 하나님이 우리를 의롭다고 하셨습니다.

누가복음 10장에 나오는 강도 만난 자 이야기에서, 강도 만난 자는 움직일 수 없었습니다. 이제 곧 날이 어두워져서 짐승들이 다가오면 다 먹히고 뼈만 남아야 했습니다. 그런 절박한 상황에서 제사장이 그냥 지나가고 레위인도 그냥 지나갔습니다. 그런데 어떤 사마리아인은 그를 보고 불쌍히 여겨 가까이 가서 구원해 주었습니다. 강도 만난 자는 일한 것이 전혀 없고 모든 일을 선한 사마리아인이 했습니다.

우리가 우리 죄를 씻으면 잘못 씻을 수 있습니다. 그렇기 때문에 예수님이 우리 죄를 완벽하게 씻으셨습니다. 여러분, 속지 마십시오. 죄가 남아 있는 것이 아닙니다. 예수님은 실패하시지 않았습니다. 우리 죄를 분명히 씻었습니다. 죄인이라고 하면 예수님과 상관없는 사람입니다. 죄인이라고 말하는 것은 예수님이 헛 죽었다는 이야기로, 예수님을 모욕하는 소리입니다. 아직도 죄인이라고 하시렵니까? 그러지 마십시오. 십자가의 피로 죄가 다 씻어졌습니다. 하나님이 우리 죄를 기억하시지도 않습니다.

너희 죄 사해 주사 기억 아니하시네
너희 죄 사해 주사 기억 아니하시네
불쌍한 사람들아 오라 하시네
너희 죄 사해 주사 너희 죄 사해 주사
기억 아니하시네 기억 아니하시네

여러분, 이 사실을 믿을 때 예수님이 제일 기뻐하십니다. 그리고 그때부터 하나님이 여러분과 함께하십니다.

저는 핍박도 많이 받았고 이단이라는 소리도 들었습니다. 그러나 하나님의 도우심으로 코로나 팬데믹 기간에는 제가 한 설교를 세계 655개의 방송에서 방영해 주었습니다. 지금도 미국에서는 51개 방송에서 매주 한 시간씩 제가 하는 설교가 방송되고 있습니다. 대부분 돈을 받지 않고 방송해 줍니다. 유명한 CTN에서도 제 설교가 방송되고 있습니다. 한국에서는 저를 배척하지만 해외에 나가면 제가 인기가 있습니다. 이단이라는 소리를 들으면 어떻습니까? 하나님이 나를 보고 의롭다고 하셨는데 말입니다.

사랑하는 여러분, 자기 생각을 버리고 하나님의 말씀을 믿으십시오. 성경 곳곳에서 예수님의 피로 우리 죄가 다 씻어졌다고 이야기합니다. 이 사실을 믿고 저는 너무나 행복하게 살고 있습니다. 여러분도 믿어서 주님을 사랑하고, 주를 위해 이 복음을 전하는 분들이 되었으면 좋겠습니다.

02

탕자를 사랑한 아버지

제 2 장

탕자를 사랑한 아버지

우리에게 바쁘고 어려운 일들이 많은데 다 잊고 하나님과 예수님을 생각할 수 있는 것이 얼마나 복된 일인지 모릅니다.

누가복음 15장 11절부터 나오는 탕자 이야기를 읽겠습니다.
"또 가라사대, 어떤 사람이 두 아들이 있는데 그 둘째가 아비에게 말하되 '아버지여, 재산 중에서 내게 돌아올 분깃을 내게 주소서' 하는지라. 아비가 그 살림을 각각 나눠주었더니 그 후 며칠이 못 되어 둘째 아들이 재물을 다 모아가지고 먼 나라에 가 거기서 허랑방탕하여 그 재산을 허비하더니 다 없이한 후 그 나라에 크게 흉년이 들어 저가 비로소 궁핍한지라. 가서 그 나라 백성 중 하나에게 붙여 사니 그가 저를 들로 보내어 돼지를 치게 하였는데 저가 돼지 먹는 쥐엄 열매로 배를 채우고자 하되 주는 자가 없는지라. 이에 스스로 돌이켜 가로되 '내 아버지에게는 양식이 풍족한 품꾼이 얼마나 많은고? 나는 여기서 주려 죽는구나. 내가 일어나 아버지께 가서 이르기를 "아버지여, 내가 하늘과 아버지께 죄를 얻었사오니 지금부터는 아버지의 아들이라 일컬음을 감당치 못하겠나이다. 나를 품꾼의 하나로 보소서" 하리라' 하고 이에 일어나서 아버지께로 돌아가니라. 아직도 상거가 먼데 아버지가 저를 보고 측은히 여겨 달려가 목을 안고 입을 맞추니 아들이 가로되 '아버지여, 내가 하늘과 아버지께 죄를 얻었사오니 지금부터는 아버지의 아들이라 일컬음을 감당치 못하겠나이다' 하나 아버지는 종들에게 이르되 '제일 좋은 옷을 내어다가 입히고 손에 가락지를 끼우고 발에 신을 신기라. 그리고 살진 송아지를 끌어다가 잡으라. 우리가 먹고 즐기자. 이 내 아들은 죽었다가 다시 살아났으며 내가 잃었다가 다시 얻었노라' 하니 저희가 즐거워하더라."(눅 15:11~24)

우리가 하나님과 이야기를 나누려고 오늘 이 자리에 왔습니다. 예수님은 어떤 분이시고 우리는 어떤 사람인지 정확히 알면 신앙생활이 쉽고 즐겁습니다.

저는 1944년생으로, 제가 태어나고 1년 뒤에 우리나라가 일본 치하에서 해방되었습니다. 그리고 1950년에 6·25전쟁이 일어났습니다. 이북에서 공산군이 소련제 탱크를 앞세우고 남한을 침략했습니다. 전쟁은 정말 처참합니다. 제가 초등학교에 다닐 때 우리 반 학생의 3분의 1이 고아였습니다. 전쟁 중에 남자들이 군대에 가서 많이 죽어 마을에 남편 없이 사는 부인들도 많았습니다. 사는 것이 비참했습니다.

저에게는 불행이 또 닥쳤습니다. 1951년 음력 8월 14일, 추석을 하루 앞두고 어머니가 세상을 떠나셨습니다. 하루는 어머니가 화장실에 다녀오더니 몸이 안 좋다고 하며 누우셨는데, 3일 뒤에 숨을 거두셨습니다. 어머니 없는 삶이 어떤 것인지 그때는 몰랐습니다. 시간이 흐르면서 너무 외롭고 쓸쓸했습니다. 어머니가 돌아가시고 한 달 뒤에 형님이 군대에 갔습니다. 전쟁 중이라 군대에 가면 거의 전사했기 때문에, 마을 사람들이 건강하게 잘 다녀오라는 플래카드를 만들어서 대나무 장대에 달아 우리 집 앞에 세워 주었습니다. 아버지는 전쟁 물자를 나르는 일을 하러 가셨습니다.

갑자기 어른 세 분이 사라지고 집에 어린 네 남매만 남았습니다. 자주 굶고 정말 어렵게 지냈습니다. 어느 날은 자고 일어나면 동네에서 사람이 얼어 죽어 있었습니다. 어떤 사람은 굶어서 죽기도 했습니다. 제가 나이가 들면서 도둑질을 하기 시작했습니다. 남의 밭에서 밀도 꺾어서 먹고 감자도 캐먹고, 남의 과수원에서 사과도 따먹었습니다. 친구들과 어울려 매일 그런 짓을 했습니다. 교회에 다니지 않았으면 그렇게 살아도 덜 괴로웠을 텐데, 저는 어려서부터 교회에 다녔기 때문에 죄의식 속에서 살았습니다.

전쟁이 끝나 아버지가 집에 돌아오시고 형님도 제대해 좀 살게 되었지만, 그래도 먹을 것이 풍성하지는 않아 도둑질을 많이 했습니다. 사과 과수원은 울타리가 탱자나무로 되어 있었습니다. 연필 깎는 칼로 탱자나무의 밑둥치를 깎아서 한 그루를 잘라내면 우리가 기어서 들어가기 딱 맞았습니다. 잘라낸 탱자나무를 제자리에 세워두고, 과수원에 들어갈 때마다 그것을 빼내고 들어간 뒤 다시 제자리에 세워두고 사과를 따먹은 후 다시 그곳으로 빠져나왔습니다. 한번은 사과를 따먹다가 주인이 오는 소리를 듣고 황급히 빠져나오려다가 잘라낸 탱자나무가 어디에 있는지 찾지 못해 잡힐 뻔했던 적도 있습니다. 그렇게 살다가 교회에 가면 지은 죄가 생각났습니다. 도둑질을 너무 많이 해서 내가 죽으면 지옥에 간다는 사실을 손톱만큼도 의심하지 않았습니다.

탕자의 아버지와 여러분이 믿는 하나님이 같은 분인가?

오늘 누가복음 15장에 나오는 탕자 이야기를 읽었는데, 사람들의 마음이 성경과 너무 멉니다. 교회에 다니는 많은 사람들의 마음이 '나는 도둑질했어. 거짓말했어. 죄를 많이 지었어.' 하며 죽으면 지옥에 갈 거라는 생각으로 채워져 있습니다.

탕자 이야기에서, 둘째 아들이 아버지의 재산을 가지고 먼 나라에 가서 허랑방탕하게 지내 돈이 다 떨어졌습니다. 어느 집의 종이 되어서 돼지를 치는데 주인이 먹을 것을 주지 않았습니다. 돼지가 먹는 열매도 얻어먹을 수 없어서 굶주림에 시달리다가 너무 고통스러워서 아버지에게로 돌아갔습니다. 아버지의 재산을 탕진한 둘째 아들은 돌아가려고 할 때 '내가 무슨 면목으로 아버지에게 가지?'라는 생각이 들었습니다. 그래서 '그래, 아버지에게 가서 "아버지, 저는 아들이라 일컬음을 감당하지 못하겠으니 품꾼의 하나로 봐주십시오. 일을 할 테니 밥만 주시면 좋겠습니다."라고 말하자'라고 생각했습니다.

　아버지는 탕자가 멀리서 오는 것을 보고 뛰어가 아들을 끌어안고 입을 맞추고 기뻐서 어쩔 줄 몰랐습니다. 아들이 "내가 하늘과 아버지께 죄를 얻었사오니 지금부터는 아버지의 아들이라 일컬음을 감당치 못하겠나이다."라고 했지만, 아버지는 종들에게 "제일 좋은 옷을 내어다 입혀라. 손에 가락지를 끼워라. 발에 신을 신겨라." 했습니다. 그리고 "살진 송아지를 끌어다 잡아라. 우리가 먹고 즐기자. 이 내 아들은 죽었다가 다시 살아났으며 내가 잃었다가 다시 얻었노라." 했습니다.

　아버지의 재산을 들고 가서 허랑방탕하게 쓰고 돌아온 아들을 아버지가 최고로 사랑했습니다. 탕자는 자신이 하늘과 아버지에게 죄를 지어 품꾼으로 지내겠다는 마음으로 돌아왔지만, 아버지는 모든 좋은 것을 탕자에게 주고 즐겁게 잔치를 벌였습니다. 아버지를 떠나 있을 때에는 돼지가 먹는 쥐엄 열매도 먹지 못하고 굶주림에 시달렸던 탕자가 아버지 집에 돌아온 순간 배고픔이 끝났습니다. 다 떨어진 옷을 입고 추위를 견디던 고달픈 삶이 끝났습니다. 잠잘 곳을 걱정하지 않아도 되었습니다.

　아버지는 집에 있던 큰아들보다 탕자를 더 위했습니다. 나중에 큰아들이 밭에서 일하다가 집에 돌아와 탕자를 위해 잔치가 벌어진 것을 보고 화를 내며 집에 들어가지 않으려고 했습니다. 아버지가 나와서 들어가자고 권하자, "내가 여러 해 아버지를 섬겨 명을 어김이 없거늘 내게는 염소 새끼라도 주어 나와 내 벗으로 즐기게 하신 일이 없더니 아버지의 살림을 창기와 함께 먹어버린 아들이 돌아오매 이를 위하여 살진 송아지를 잡으셨나이다."라고 했습니다. 아버지가 자기를 위해서는 염소 새끼도 잡은 적이 없는데 방탕하게 산 아들이 돌아오자 살진 송아지를 잡았다는 사실을 큰아들은 용납할 수가 없었습니다. 그가 분을 낼 만큼 아버지가 탕자를 사랑했습니다.

여기 있는 분들 가운데 죄를 짓지 않은 사람은 없을 것입니다. 우리가 많은 죄를 짓고 하나님 앞에 돌아오면, 아들로 모든 것이 회복됩니다. 제일 좋은 옷을 입고, 손에 가락지를 끼고, 발에 신을 신고, 살진 송아지를 잡아 벌인 잔치 자리에서 먹고 마시며 즐거워하는 것입니다. 성경은 이렇게 되어 있는데, 오늘 한국에서 예수님을 믿는 많은 사람들은 교회에 10년 다녀도 죄인, 20년 다녀도 죄인, 30년 다녀도 죄인입니다. 죽을 때에도 죄인으로 죽습니다. 죄인으로 죽으면 지옥에 갑니다. 저도 어려서부터 교회에 다녔지만 구원받기 전까지는 이런 복을 받아본 적이 없었습니다.

탕자 이야기에 나오는 아버지는 우리가 믿는 하나님을 말하는 것이 맞습니까? 우리가 하나님 앞에 오면 더러운 누더기를 입고 있는 모습을 하나님이 보고 그냥 계시겠습니까? 아닙니다. 굶주린 채로 놔두시겠습니까? 그렇지 않습니다. "제일 좋은 옷을 내어다 입혀라. 손에 가락지를 끼워라. 발에 신을 신겨라. 살진 송아지를 잡아라." 하십니다.

우리가 죄를 짓고 싶어서 짓습니까? 죄와 싸워서 지니까 죄를 짓습니다. 전쟁하다 져서 포로가 되면 적군이 앞으로 가라고 하면 가야 하고 땅에 머리를 박아라고 하면 그렇게 해야 합니다. 그러지 않으면 죽습니다. 우리가 죄에 져서 죄가 끄는 대로 끌려다녔습니다. 그러나 하나님 아버지 앞에 오면 다시 자녀가 됩니다.

중요한 것은, 누가복음 15장에 나오는 탕자의 아버지와 오늘 여러분이 믿는 하나님이 같은 분이냐는 것입니다. 저는 어려서부터 교회를 다녔습니다. 교회에서 목사님이 죄를 고백하고 용서해 달라고 기도해야 한다고 가르쳤습니다. 누가복음 15장에서 아버지는 탕자에게 뉘우치라고 하지 않고 회개하라고도 하지 않았습니다. 탕자가 "아버지여, 내가 하늘과 아버지께 죄를 얻었사오니 지금부터는 아버지의 아들이라 일컬음을 감당치 못하겠나이다."라고 했지만, 아버지는 들은 척도 하지 않고 종들에게 "제일 좋은 옷을 내어다 입혀라. 손에 가락지를 끼워라. 발에 신을 신겨라. 살진 송아지를 잡아라." 했습니다. 집에서 아버지에게 순종한 형에게 해주는 것보다 더 잘해 주었습니다.

큰아들이 그런 아버지에게 화를 냈습니다. "내가 여러 해 아버지를 섬겨 명을 어김이 없거늘 내게는 염소 새끼라도 주어 나와 내 벗으로 즐기게 하신 일이 없더니 아버지의 살림을 창기와 함께 먹어버린 이 아들이 돌아오매 이를 위하여 살진 송아지를 잡으셨나이다." 아버지가 공평하지 못하다는 말입니다. 아버지가 탕자를 사랑했습니다. 그런데 오늘 교회에 다니는 많은 사람들은 왜 하나님 앞에서 탕자 같은 대접을 받지 못하고 늘 죄를 용서해 달라고 합니까?

〇〇〇의 죄를 지고 가는 하나님의 어린양이로다
저도 전에는 교회에 다니면서 목사님이 '회개하면 죄가 사해진다'고

해서 매일 회개했습니다. 그런데 회개를 하면 할수록 죄의 짐이 더 무거워졌습니다. 아무리 회개해도 죄가 해결되지 않았습니다. 너무 답답해서 성경을 읽기 시작했습니다. 성경을 여러 번 읽으면서 죄를 사함 받는 길을 찾을 수 있었습니다. 레위기 4장에는 속죄제사가 나옵니다. '옳거니, 여기에 죄를 사함 받는 길이 있구나.' 하고 읽었습니다. 제사장이 죄를 범했을 때, 회중이 죄를 범했을 때, 족장이 죄를 범했을 때, 평민이 죄를 범했을 때 어떻게 죄를 사함 받는지 자세히 기록되어 있었습니다. 제가 평민이어서 평민이 죄 사함 받는 길을 자세히 읽으며 연구했습니다.

"만일 평민의 하나가 여호와의 금령 중 하나라도 부지중에 범하여 허물이 있었다가 그 범한 죄에 깨우침을 받거든 그는 흠 없는 암염소를 끌고 와서 그 범한 죄를 인하여 그것을 예물로 삼아"(레 4:27~28)

죄의 삯은 사망이기에, 죄를 지으면 그 사람은 자기 대신 죽어줄 암염소를 끌고 성막으로 갑니다.

"그 속죄제 희생의 머리에 안수하고 그 희생을 번제소에서 잡을 것이요"(레 4:29)

첫 시간에 말한 대로 염소의 머리에 안수해서 죄를 넘긴 뒤, 염소를 죽입니다.

"아론은 두 손으로 산 염소의 머리에 안수하여 이스라엘 자손의 모든 불의와 그 범한 모든 죄를 고하고 그 죄를 염소의 머리에 두어…" (레 16:21)

염소의 머리에 왜 안수하는지 알고 싶어서 성경을 계속 읽다가,

레위기 16장에서 안수함으로 죄가 넘어간다는 사실을 알기까지 2년쯤 걸린 것 같습니다. 레위기 4장과 16장이 멀리 떨어져 있는 것도 아니고 제가 2년 동안 성경을 여러 번 읽었는데도 이 구절을 그냥 지나치다가, 어느 날 비로소 눈에 들어왔습니다.

죄를 지은 사람이 염소나 양에게 안수해서 죄를 넘기면, 그 염소나 양이 죽임을 당합니다. 죄를 지은 사람이 안수하지 않으면 그 양은 죄가 없기 때문에 죽어야 할 이유가 없습니다. 양이 죄를 지은 사람 대신 죽으려면 먼저 죄를 넘겨야 합니다.

제가 레위기 4장에 기록된 속죄제사에 대해 연구하다가 떠오르는 말씀이 있었습니다. 신약 성경 마태복음 3장에 나오는 내용이었습니다. 예수님이 세례 요한에게 안수를 받으려고 하자 요한이 말렸고, 예수님이 다시 "우리가 이와 같이 하여 모든 의를 이루는 것이 합당하니라."라고 하자 요한이 허락했습니다. 예수님은 모든 의를 이루기 위해 세례를 받으셨습니다. 모든 의가 이루어지려면 모든 죄가 씻어져야 합니다.

구약 성경에 나오는, 죄를 씻기 위해 죽임을 당한 양이나 염소는 예수님의 그림자입니다. 예수님이 우리 죄를 어떻게 씻는지 보여 주는 것입니다. 예수님은 하나님의 어린양으로 인류의 죄를 다 넘겨받아 모든 의를 이루기 위해 세례 요한에게 세례를 받으셨습니다. 요한이 예수님에게 안수하며 세례를 베풀 때 인류의 모든 죄가 예수님에게 넘어간 것입니다. 예수님이 세례를 받으신 후, 요한복음 1장에서 세례 요한이 예수님을 보고 이렇게 말했습니다.

"보라, 세상 죄를 지고 가는 하나님의 어린양이로다."

하나님의 어린양인 예수님에게 세상 죄가 넘어갔습니다. 예수님이 세상 죄를 지고 가셨습니다.

"보라, 박옥수의 죄를 지고 가는 하나님의 어린양이로다."

맞습니까? 맞습니다.

"보라, OOO의 죄를 지고 가는 하나님의 어린양이로다."

맞습니까? 맞습니다. 할렐루야! 예수님이 안수를 받아 세상 죄를 넘겨받은 뒤 십자가에 못 박혀 죽어 죄 값을 다 치르셨기 때문에 박옥수 목사의 죄가 다 씻어졌습니다. 예수님이 십자가에 못 박혀 죽으실 때 여러분의 죄가 다 씻어졌습니다. 그러면 박옥수 목사가 죄인입니까? 아닙니다. 제가 죄를 많이 지었습니다. 밀 이삭, 감자, 사과 등등 훔쳐먹은 것이 많습니다. 그 모든 죄를 예수님이 지고 가셨습니다.

"박옥수의 죄를 지고 가는 하나님의 어린양이로다."

예수님이 십자가에 못 박혀 죽어 그 죄 값을 다 지불하셔서 죄를 끝내셨습니다. 죄가 다 씻어졌습니다. 그래도 죄인입니까? 여러분이 죄인이라고 하면 예수님이 얼마나 섭섭해하시겠습니까? 예수님이 이렇게 말씀하실 것입니다.

"아니야. 내가 네 죄를 씻기 위해 죽었어. 내 손과 발이 찢겼어. 옆구리를 창에 찔렸어. 네 죄 때문에 그런 거야. 너, 죄인 아니야. 네 죄는 다 씻어졌어."

죄인이라는 말은 겸손한 말이 아닙니다. 예수님의 가슴을 도려내고 아픔을 주는 말입니다. 오늘부터 그렇게 말하지 마십시오. "내가 죄를 많이 지었지만 나는 죄인이 아닙니다." 하십시오. "예수님이 내 대신 벌을 다 받아서 나는 죄가 없습니다." 하십시오. 그렇게 이야기하면 예수님이 "그래, 그거야. 잘했다!" 하실 것입니다.

그래도 우리가 죄를 지으니 죄인이 아닌가?
제가 전 세계를 다니면서 이것을 가르칩니다. 안타깝게도, 예수님이 십자가에 못 박혀 죽으셨는데도 교회에 다니는 많은 사람들이 죄인이라고 합니다. 찬송은 "기쁜 날 기쁜 날 주 나의 죄 다 씻은 날"이라고 부르고, 기도는 "주여, 더러운 죄인을 용서해 주옵소서."라고 합니다. 죄를 다 씻었다고 찬송하고 다시 죄를 용서해 달라고 기도합니다.

예수님이 우리 죄를 다 씻었습니다. 그래서 하나님이 우리를 보고 의롭다고 말씀하셨습니다. 오늘날 많은 교회에서 잘못 가르치고 있습니다. 예수를 믿어도 죄인이라고 가르치고, 죄를 용서해 달라고 기도하라고 가르칩니다. 그러나 죄는 기도로 사해지는 것이 아니라 십자가의 피로 사해집니다. 예수님이 십자가에서 피를 흘리셨을 때 우리 죄가 다 사해졌습니다.

로마서 3장 23절을 찾아서 같이 읽어 보겠습니다.
"모든 사람이 죄를 범하였으매 하나님의 영광에 이르지 못하더니" (롬 3:23)

여기까지는 우리가 죄인입니다. 24절을 같이 읽어 보겠습니다.
"그리스도 예수 안에 있는 구속으로 말미암아 하나님의 은혜로 값없이 의롭다 하심을 얻은 자 되었느니라."(롬 3:24)

24절에서는 우리가 의롭게 되었습니다. 우리는 죄인이 아닙니다. 예수님이 우리 죄를 지고 십자가에 못 박혀 죽으심으로 우리가 의롭고 깨끗하게 되었다고 성경이 말씀합니다.

오늘날 많은 목회자들이 다른 책들은 읽으면서 성경은 읽지 않습니다. 그래서 죄가 씻어져 우리가 의롭게 되었다고 성경에 분명히 기록되어 있는데도 죄인이라고 가르칩니다. 교회에 다니는 사람들이 그렇게 배워서 죄인이라고 합니다. 성경을 몰라서 그러는데 성경을 보면 우리 죄가 분명히 씻어졌습니다.

성경에는 죄가 씻어져서 우리가 의롭게 되었다는 말씀이 정말 많습니다. 그 가운데 하나인 로마서 4장 25절을 보겠습니다.

"예수는 우리 범죄함을 위하여 내어줌이 되고, 또한 우리를 의롭다 하심을 위하여 살아나셨느니라."(롬 4:25)

예수님은 우리 죄 때문에 죽으셨고, 우리를 의롭다고 하시려고 살아나셨습니다. 우리 죄가 십자가에서 다 끝이 나 우리가 영원히 의로워졌습니다.

성경에 기록된 말씀을 전해주면 이렇게 말하는 사람이 있습니다.

"목사님, 예수님이 우리 죄를 위해 죽으셨지만 그래도 우리가 죄를 짓지 않습니까? 그러니 죄인이 아닙니까?"

"그 죄도 십자가에서 씻어졌어요."

"그래도 또 죄를 짓잖아요."

"그 죄도 십자가에서 씻어졌습니다."

어떤 죄든지 십자가에서 씻어졌습니다.

성경을 한 구절 더 찾아보겠습니다. 에베소서 2장 8절입니다.

"너희가 그 은혜를 인하여 믿음으로 말미암아 구원을 얻었나니 이것이 너희에게서 난 것이 아니요 하나님의 선물이라. 행위에서 난 것

이 아니니 이는 누구든지 자랑치 못하게 함이니라."(엡 2:8~9)

하나님이 은혜로 우리를 구원하셨습니다. 우리 행위와 상관없이 값 없이 우리 죄를 씻어 주셨습니다. 우리는 성경 말씀을 그대로 믿으면 됩니다. 성경에서 우리 죄가 사해졌다고 하면 사해진 것이 맞습니다.

네가 거룩해, 영원히 온전하게 되었어

어제 했던 이야기를 좀 더 해보겠습니다. 히브리서 10장 10절입니다.
"이 뜻을 좇아 예수 그리스도의 몸을 단번에 드리심으로 말미암아 우리가 거룩함을 얻었노라."(히 10:10)

예수님이 십자가에 못 박히신, 단 한 번의 죽으심으로 말미암아 우리가 거룩해졌습니다.

"제사장마다 매일 서서 섬기며 자주 같은 제사를 드리되 이 제사는 언제든지 죄를 없게 하지 못하거니와"(히 10:11)

구약 시대에 양이나 소를 잡아 드리는 제사는 예수 그리스도의 그림자이지 참 형상이 아니기 때문에, 그 제사는 언제든지 죄가 없게 하지는 못했습니다.

"오직 그리스도는 죄를 위하여 한 영원한 제사를 드리시고 하나님 우편에 앉으사"(히 10:12)

참 형상이신 예수님은, 언제든지 죄를 없게 하는 영원한 제사를 드리셨습니다. 예수님은 십자가에서 흘린 피를 이 땅에 있는 성전이 아니라 하늘나라에 있는 성전에 뿌리셨습니다. 하늘나라는 무엇이든지 영원하기 때문에 죄도 영원히 씻어졌습니다.

"그 후에 자기 원수들로 자기 발등상이 되게 하실 때까지 기다리시나니"(히 10:13)

예수님이 하나님 우편에 앉아 원수들이 심판을 받을 때까지 기다리신다고 했습니다. 예수님의 원수는, 죄를 다 씻었는데도 죄인이라고 하는 사람들입니다.

히브리서 10장 14절을 다 같이 읽어보겠습니다.

"저가 한 제물로 거룩하게 된 자들을 영원히 온전케 하셨느니라."(히 10:14)

하나님이 여러분에게 하시는 말씀입니다.

"네가 거룩해. 네가 영원히 온전하게 되었어."

그 다음 구절입니다.

"또한 성령이 우리에게 증거하시되, 주께서 가라사대 '그날 후로는 저희와 세울 언약이 이것이라' 하시고 '내 법을 저희 마음에 두고 저희 생각에 기록하리라' 하신 후에 또 '저희 죄와 저희 불법을 내가 다시 기억지 아니하리라' 하셨으니 이것을 사하셨은즉 다시 죄를 위하여 제사드릴 것이 없느니라."(히 10:15~18)

우리가 죄를 씻기 위하여 다시 속죄제사를 드릴 것이 없습니다.

성경에서 여러분의 죄가 다 씻어졌다고 했습니다. 그런데 지금까지 죄인이라고 하신 분들이 여기에 있지요? 그것은 잘못된 것입니다. 성경에는 우리 죄가 영원히 씻어졌다고 되어 있습니다. 이제 이것을 믿으십시오. 그리고 하나님께 감사의 기도를 드리십시오.

"하나님, 저는 정말 더러운 인간이었습니다. 그런데 예수님이 내 죄를 씻기 위해 십자가에서 피 흘려 죽으셨습니다. 그 피로 내 죄가 씻어졌습니다. 내가 거룩해졌습니다. 감사합니다."

이제는 죄인이라고 하지 마십시오. 깨끗해졌고 거룩해졌다고 하십시오.

혹시 한국의 어떤 목사님들이 박옥수 목사를 이단이라고 하는 소리를 들어본 적이 있습니까? 그 사람들이 몰라서 그렇게 말하는 것입니다. 제가 이런 말씀을 한국에서만 아니고 미국이나 남미 등 세계 곳곳에서 수많은 사람들에게 전하고 있습니다. 특별히 기독교지도자모임인 CLF(Christian Leaders Fellowship)에서 많은 목회자들에게도 같은 말씀을 전해, 전 세계에서 우리와 함께 일하려고 하는 목회자가 수십 만 명이 됩니다.

예수님이 내 죄를 위해 죽으셨다고 알아도 죄가 씻어지지 않았다면 무슨 소용이 있습니까? 내 죄를 사하지 못한 예수님을 믿는 것이 무슨 유익이 있습니까? 그것은 잘못된 믿음입니다. 우리 죄가 씻어졌고, 우리가 의롭고 거룩하게 되었습니다. 집에 돌아가서 성경을 자세히 읽어보십시오. 예수님이 우리 죄를 씻으신 것이 확실합니다. 그렇다면 우리가 죄인이 아닙니다. 깨끗하고 거룩합니다. 생각하면 생각할수록 너무나 감사합니다.

저는 1962년 10월 7일에 내 죄가 씻어진 것을 알았습니다. 그 전에는 도둑질을 많이 했기 때문에 죄인인 줄 알았는데 죄가 없어졌습니다. 그때부터 제가 다니던 교회에서 청년들에게 내 죄가 다 씻어졌다고 이야기하자 "우리가 죄인이 맞지, 무슨 의인이야?" 하며 저를 따돌렸습니다. 그 후 선교사님들이 운영하는 선교학교에 입학해서 공부를 마치고 산골 마을인 압곡동에 가서 복음을 전하고, 다시 거창 장팔리로 가서 복음을 전하고, 그 후 군대에 가서 복음을 전했습니다. 제대한 뒤에도 복음 전하는 일을 계속했고, 이제는 전 세계를 다니면서 수많은 사람들에게 이 말씀을 전하고 있습니다.

얼마 전에는 브라질을 방문해 대통령을 만나 복음을 전했고, 다음 날에는 '어셈블리 오브 갓 Assembly of God'이라는 교단의 교회에 초대를 받아 가서 말씀을 전했습니다. 8천 명이 모이는 교회에 2천 명의 목회자들이 참석한 가운데 한 시간 반 동안 죄 사함에 대해 이야기했습니다. 제가 말씀을 마치자 교단 총회장님이 "목사님, 이 교회는 목사님의 교회입니다. 언제든지 와서 말씀을 전해 주십시오."라고 했습니다.

그 교단에 속한 교회가 일본에도 40여 개 있는데, 제가 브라질에서 한 설교를 교단 전체가 볼 수 있도록 중계해 일본에서도 그 말씀을 들었다고 합니다. 일본에 있는 '어셈블리 오브 갓' 교단 목회자들이 제 설교를 듣고 동경에 있는 우리 선교회 산하 교회에 찾아와서 같이 교류하고 있습니다. 저에게 동경에 와서 말씀을 전해달라고 해서 한 번 가려고 계획을 세우고 있습니다.

저는 온 세상에 다니면서 예수님의 십자가는 실패하지 않았다고 외칩니다. 예수님이 우리 죄를 분명히 씻었다고 전합니다. 예수님이 십자가에서 흘린 피를 하늘나라 성전에 뿌려서 우리 죄가 영원히 씻어졌다고 이야기합니다.

이번 집회에도 해외에서 100명 가까운 목사님들이 와서 함께 참석하고 있습니다. 해외에서 우리가 전하는 말씀을 듣고 우리와 마음을 같이하는 목회자들이 정말 많습니다. 얼마 전 아프리카 에스와티니에 갔을 때에는 2천 명 정도 되는 목회자들에게 말씀을 전했습니다. 제가 전한 말씀을 들은 뒤 목회자들이 "우리는 기쁜소식선교회와 하나다."라고 했습니다. 이 자리에 에스와티니에서 오신 목사님이 계십니다. 하나님의 말씀 안에서 우리가 하나가 되었습니다.

나는 은숙이 애비 믿는 예수 믿고 하늘나라에 가네
이제 죄인이라고 하지 마십시오. 그것은 예수님이 실패했다는 말입니다. 죄인이 아닙니다. 우리 죄가 눈같이 희게 씻어졌습니다. 죄 때문에 두려워하지 말고 감사하는 마음으로 사십시오. 하늘나라에 가기 때문에 기뻐하십시오. 그리고 사람들과 함께 예수님의 피로 죄가 씻어진 이야기를 나누십시오. 성경을 좀 더 배워서 가족들이 한 사람 한 사람 구원받게 인도하십시오.

제 아버지는 세상을 떠나셨는데, 살아 계실 때 제가 예수님을 믿으라고 자주 말씀드렸습니다.

"아버지, 예수님을 믿으십시오."

"내가 내년에 믿을게."

"왜 내년에 믿는다고 그러십니까?"

"내년에 친구 회갑이 있는데 내가 가서 술 한 잔 해야 한다. 안 그러면 욕한다. 친구 회갑 마치고 믿을게."

아버지는 친구들을 유난히 좋아하셨습니다. 시간이 흘러 다음해가 되어 다시 말씀드렸습니다.

"아버지, 이제 예수님을 믿으십시오."

"내가 가을에 믿을게."

"왜 또 가을까지 미루십니까?"

"그때 친구가 며느리를 보는데 가서 술 한 잔 해야 한다."

그렇게 십 몇 년을 미루셨습니다.

형님이 아버지를 모시고 계시다 일본에 가게 되었습니다. 집이 너무 낡아 새로 지으려고 하니 돈이 필요해서, 일본에서 잠시 오신 작은아버지에게 형님이 도와 달라고 부탁을 드렸습니다. 작은아버지는 일본에서 토건업을 하며 돈을 많이 벌었습니다.

"작은아버지, 제가 집을 새로 지으려고 하는데 도와주시면 안 되겠습니까?"

"난 못 도와준다."

작은아버지는 일본에서 오래 살아서 일본 사람이 다 되었습니다. 도와주지 못한다고 딱 끊어 말씀하셨습니다. 그리고 이렇게 말씀하셨습니다.

"네가 우리 회사에 와서 일해라. 내가 일당 쳐서 줄게. 네가 조카니까 내가 잠은 재워 주고 밥은 먹여 줄게."

그때 일본 임금이 한국 임금의 열 배쯤 되어 6개월 정도 일하면 집을 새로 지을 수 있는 돈을 벌 수 있었습니다. 형님이 일본에 가기로 마음을 먹고, 가시기 전에 저와 의논을 했습니다.

"내가 일본에 있는 동안 아버지는 어떻게 하면 좋겠냐?"

"제가 모시겠습니다."

형님이 없는 동안 제가 아버지를 모셨습니다. 아버지는 몸이 많이 안 좋으셨습니다. 그때도 제가 예수님을 믿으라고 말씀드리면 자꾸 미루셨습니다. 하루는 아버지가 방에서 저를 부르셨습니다.

"은숙이 애비 있나?"

제 딸 이름이 은숙이여서 아버지는 저를 은숙이 애비라고 부르셨습니다.

"예, 아버지."

제가 집사람과 함께 아버지 방에 들어갔습니다. 아버지는 위장이 안 좋았습니다. 위에서 산이 많이 분비되어 위벽을 갉아내 위에서 피가 흘러 어려움을 겪으셨습니다. 요즘은 좋은 제산제들이 많지만 당시 제산제는 먹어도 별 효과가 없었습니다. 우리가 방에 들어가자 누워 계시던 아버지가 몸을 일으켜 앉아서 이야기하려고 하시다 '우웩' 하고 피를 토하셨습니다. 저는 그런 광경을 난생처음 보았습니다. 피를 얼마나 많이 토하셨는지, 제 아내는 엉엉 울었습니다. 그 방에 있던 아버지와 저와 제 아내 세 사람 모두 '이게 아버지의 마지막이구나'라고 생각했습니다.

피를 다 닦아내고 새 이불에 아버지를 뉘여 드린 뒤, 제가 아버지에게 말했습니다.

"아버지, 형님도 안 계신데 만일 아버지가 세상을 떠나시면 우리가 아버지 생각이 날 때마다 목소리를 듣고 싶어서 녹음 장치를 해놓았습니다. 하시고 싶은 이야기가 있으면 하십시오. 아버지가 그리울 때 녹음된 이야기를 들으며 아버지 생각을 하겠습니다."

"그래, 잘했다. 안 그래도 내가 너희들에게 하고 싶은 이야기가 있다."

아버지가 하고 싶은 이야기를 죽 하셨습니다. 60분가량 말씀하시고, 마지막에 이렇게 말씀하셨습니다.

"내가 죽거든, 장지는 뒷산 네 어머니가 있는 자리가 좋으니 그 옆에 장사하고, 내 옷을 갈아입힐 사람은 서당 마을 김 씨를 불러라. 그 사람은 내가 어려서부터 많이 도와주었기 때문에 내 몸을 만지면서 더럽다고 안 할 거다."

그렇게 이야기하시고 아버지가 입을 다무셨습니다. 제가 물었습니다.

"아버지가 돌아가시면 말씀하신 대로 하겠습니다. 아버지 몸은 그렇게 모시겠지만, 아버지 영혼은 어디로 가시겠습니까?"

제가 그렇게 묻자 아버지가 떨며 한숨을 내쉬셨습니다.

"내가 하늘나라에 가고 싶다. 그런데 너무 늦었다."

아버지가 처량하게 말씀하셨습니다. 그때 제가 목사가 된 것이 너무 감사했습니다. 다른 사람에게도 죄 사함 받는 이야기를 하지만 아버지에게 이야기할 수 있는 것이 너무 좋았습니다. 예수님이 십자가에서 흘리신 피가 아버지의 죄를 다 씻은 이야기를 차근차근 했습니다. 아버지가 제가 전해드린 말씀을 듣고 누워서 혼잣말을 하셨습니다.

"예수님, 하나님, 감사합니다. 내 죄를 다 지고 십자가에 못 박히셔서 고맙습니다."

그날 아버지가 죄 사함을 받으셨습니다. 예수님의 피로 죄가 다 씻어진 것을 믿으셨습니다. 말할 수 없이 감사했습니다. 제 눈에서는 눈물이 흐르는데 마음은 한없이 기뻤습니다. 제가 목사가 되어 수없이 복음을 전한 것이 아버지가 구원받을 수 있도록 인도하기 위해 그렇게 했다는 생각이 들어 너무 감사했습니다.

아버지가 고향에서 세상을 떠나시게 하려고 앰뷸런스를 불러 고향으로 갔습니다. 아버지가 주무시고 일어나 저를 찾으셨습니다.

"은숙이 애비 밖에 있냐?"

"예."

"내가 어제 대구에서 올 때 앰블란스가 하는 차를 타고 너무 편하게 왔다. 감사하다. 너희들 찬송 좀 불러라."

아버지가 그런 이야기를 하실 분이 아닌데 구원받고 변하셨습니다. 우리가 눈물을 흘리며 찬송을 불렀습니다. 아버지가 다시 말씀하셨습니다.

"은숙이 애비야."

"예, 아버지."

"내 친구 아무개, 아무개를 데리고 오거라."

아버지가 다섯 분의 친구 이름을 대며 데리고 와 달라고 하셨습니다. 제가 나가서 그분들을 모시고 왔습니다. 아버지가 친구들에게 말씀하셨습니다.

"나는 우리 둘째, 은숙이 애비 믿는 예수 믿고 하늘나라에 가네. 내가 먼저 가서 좋은 자리를 많이 잡아 놓을 테니 자네들도 우리 둘째 은숙이 애비 믿는 예수님 믿고 하늘나라에 오게. 그곳에서 다시 만나 옛날처럼 즐겁게 사세."

그렇게 하신 뒤 아버지가 숨을 거두셨습니다. 말할 수 없이 감사했습니다.

우리가 하늘나라에서 만나면 얼마나 좋겠습니까

저는 오늘도 힘을 다해서 많은 사람들에게 죄 사함 받는 이야기를 전하고 있습니다. 교회에 다니는 사람들 가운데 예수님이 우리 죄를 위해 죽으신 것을 알지만 죄를 지었기 때문에 죄인이라고 생각하는 사람들이 많습니다. 그러나 우리가 받아야 할 죄의 벌을 예수님이 다 받고 죽으셨습니다. 그때 우리 죄가 씻어졌습니다. 우리가 그것을 믿는 것입니다.

죄인이라고 하면 지옥에 갑니다. 예수님의 피로 죄가 씻어진 것을 믿으십시오. 그래서 이 땅에서 조금 살다가 같이 하늘나라에 갑시다. 제가 나이가 많으니 먼저 가면 그곳에서 기다리겠습니다. 우리가 하늘나라에서 만나면 얼마나 좋겠습니까. "박 목사님, 내가 잠실실내체육관 집회에서 말씀을 듣고 내 죄가 씻어진 것을 믿었습니다." 그러면 우리가 얼마나 즐겁겠습니까.

여러분 자신을 보지 마십시오. 우리는 더럽고 추합니다. 그러나 예수님이 십자가에서 흘리신 피로 그 모든 죄를 깨끗이 씻었습니다. 저는 아무것도 하지 않고 이 이야기만 하려고 다닙니다. 전 세계에 다니며 이 말씀을 전해 올해도 수많은 사람들이 죄 사함을 받았습니다. 하나님이 저에게 죄 사함 받는 길을 가르쳐 주셨고, 이 일을 하게 하셨습니다. 여러분도 이제 죄가 씻어진 것을 아셨지요? 성경을 읽으며 이 사실을 더 깊고 분명히 알아서 다른 사람들에게도 전하면 복될 것입니다.

03

생각을 버리고 성경 말씀대로

제 3 장

생각을 버리고
성경 말씀대로

구약 성경 열왕기하 5장 1절부터 읽겠습니다.

"아람 왕의 군대장관 나아만은 그 주인 앞에서 크고 존귀한 자니 이는 여호와께서 전에 저로 아람을 구원하게 하셨음이라. 저는 큰 용사나 문둥병자더라. 전에 아람 사람이 떼를 지어 나가서 이스라엘 땅에서 작은 계집아이 하나를 사로잡으매 저가 나아만의 아내에게 수종들더니 그 주모에게 이르되 '우리 주인이 사마리아에 계신 선지자 앞에 계셨으면 좋겠나이다. 저가 그 문둥병을 고치리이다.' 나아만이 들어가서 그 주인에게 고하여 가로되 '이스라엘 땅에서 온 계집아이의 말이 이러이러하더이다.' 아람 왕이 가로되 '갈지어다. 이제 내가 이스라엘 왕에게 글을 보내리라.' 나아만이 곧 떠날새 은 십 달란트와 금

육천 개와 의복 열 벌을 가지고 가서 이스라엘 왕에게 그 글을 전하니 일렀으되 '내가 내 신하 나아만을 당신에게 보내오니 이 글이 당신에게 이르거든 당신은 그 문둥병을 고쳐주소서' 하였더라. 이스라엘 왕이 그 글을 읽고 자기 옷을 찢으며 가로되 '내가 어찌 하나님이관대 능히 사람을 죽이며 살릴 수 있으랴? 저가 어찌하여 사람을 내게 보내어 그 문둥병을 고치라 하느냐? 너희는 깊이 생각하고 저 왕이 틈을 타서 나로 더불어 시비하려 함인 줄 알라' 하니라. 하나님의 사람 엘리사가 이스라엘 왕이 자기 옷을 찢었다 함을 듣고 왕에게 보내어 가로되 '왕이 어찌하여 옷을 찢었나이까? 그 사람을 내게로 오게 하소서. 저가 이스라엘 중에 선지자가 있는 줄을 알리이다.' 나아만이 이에 말들과 병거들을 거느리고 이르러 엘리사의 집 문에 서니 엘리사가 사자를 저에게 보내어 가로되 '너는 가서 요단강에 몸을 일곱 번 씻으라. 네 살이 여전하여 깨끗하리라.' 나아만이 노하여 물러가며 가로되 '내 생각에는 저가 내게로 나아와 서서 그 하나님 여호와의 이름을 부르고 당처 위에 손을 흔들어 문둥병을 고칠까 하였도다. 다메섹강 아마나와 바르발은 이스라엘 모든 강물보다 낫지 아니하냐? 내가 거기서 몸을 씻으면 깨끗하게 되지 아니하랴?' 하고 몸을 돌이켜 분한 모양으로 떠나니 그 종들이 나아와서 말하여 가로되 '내 아버지여 선지자가 당신을 명하여 큰 일을 행하라 하였더면 행치 아니하였으리이까? 하물며 당신에게 이르기를 씻어 깨끗하게 하라 함이리이까?' 나아만이 이에 내려가서 하나님의 사람의 말씀대로 요단강에 일곱 번 몸을 잠그니 그 살이 여전하여 어린아이의 살 같아서 깨끗하게 되었더라."(왕하 5:1~14)

우리가 신앙생활을 하는 데 있어서 성경도 읽고 기도도 하고 말씀도 듣지만, 우리 마음이 어디에 끌려가고 있느냐에 따라서 삶이 전혀 달라집니다.

신앙생활을 시작하면서 가장 중요한 것

열왕기하 5장에 나아만 장군이 나옵니다. 그는 아람(지금의 시리아)의 군대장관으로 나라를 위기에서 건진 위대한 장군이었지만 문둥병자였습니다. 나아만의 집에는 이스라엘에서 포로로 잡아온 계집종이 있었는데, 하루는 그 종이 나아만의 아내에게 말했습니다.

"우리 주인이 사마리아에 계신 선지자 앞에 계셨으면 좋겠나이다. 저가 그 문둥병을 고치리이다!"

계집종이 분명하게 이야기하는 것을 듣고 나아만 아내와 나아만의 마음이 움직여, 나아만이 문둥병을 고치러 이스라엘의 수도 사마리아로 갔습니다. 엘리사 선지자는 병을 고치려고 찾아온 나아만 장군에게 사환을 보내 이렇게 말했습니다.

"요단강에 몸을 일곱 번 씻으라. 그리하면 네 살이 이전처럼 깨끗하게 되리라."

그 말을 듣고 나아만이 화를 내며 말했습니다.

"내 생각에는, 선지자가 와서 여호와의 이름을 부르며 내 상처 위에 손을 흔들어서 문둥병을 고칠까 하였노라. 다메섹에 있는 강 아마나와 바르발은 이스라엘의 모든 강물보다 낫지 아니하냐? 내가 거기서 몸을 씻으면 깨끗하게 되지 아니하랴?"

요단강에서 몸을 씻으면 문둥병이 낫는다는 이야기가 나아만이 보기에는 말이 안 되는 소리 같아서 분을 내며 떠나갔습니다. 나아만이 그렇게 돌아갔다면 문둥병은 영영 낫지 않습니다. 그런데 나아만을 따라왔던 종들이 겸비한 마음으로 나아만에게 지혜롭게 말했습니다.

"내 아버지여, 선지자가 당신에게 큰 일을 행하라 하였으면 행치 아니하였겠나이까? 하물며 당신에게 이르기를 '씻어 깨끗하게 하라' 함을 행치 못하겠나이까?"

나아만이 그 이야기를 듣고 돌이켜 요단강으로 가서 몸을 일곱 번 씻었습니다. 그러자 그의 살이 어린아이처럼 깨끗해졌습니다.

나아만 장군이 엘리사 선지자의 말씀을 듣고 바로 그대로 행하여 병이 나은 것이 아니듯이, 우리가 죄를 사함 받고 거듭날 때 진리의 말씀이 마음에 그냥 들어오는 것이 아닙니다. 이사야 성경에 보면, **"여호와의 말씀에, 내 생각은 너희 생각과 다르며 내 길은 너희 길과 달라서"**(사 55:8)라고 했습니다. 하나님과 인간은 그 생각과 길이 다르다고 했습니다.

하나님이 인간을 창조하시고 아담과 하와에게 '선악을 알게 하는 나무의 열매를 먹지 말라'고 하셨습니다. 그런데 뱀이 '그것을 먹으면 눈이 밝아져서 하나님처럼 된다'고 아담과 하와를 유혹했습니다. 그때 그들이 하나님과 같아지고 싶어서 하나님의 말씀을 버리고 뱀의 말을 따랐습니다. 아담이 뱀의 말을 받아들이려면 하나님의 말씀을 짓밟아야만 합니다. 하나님의 말씀이 살아 있는 가운데 뱀의 말을 받아들일 수는 없습니다. 하나님의 말씀과 뱀의 말은 정반대이기 때문입니다. 하나님의 말씀을 버리고 사탄의 말을 따라간 그것이 인간의 죄였습니다.

신앙생활이 어렵다거나 혼동 가운데 있는 사람은 이런 부분에 대한 선이 애매하기 때문입니다. 우리가 신앙생활을 시작할 때 '하나님의 말씀과 사탄의 말을 함께 받아들일 수 없다'는 사실이 마음에 정확히 세워져야 합니다. 우리가 하나님의 말씀을 받아들이기 위해 사탄에게 이끌리면서 형성된 내 생각을 버리는 과정이 필요합니다. 그것이 회개입니다. 내가 보고 느끼기에 어떠하든지 버리고 하나님의 말씀을 그대로 받아들이는 것입니다.

나아만 장군은 하나님의 말씀을 듣고 자기 생각을 따라서 다메섹으로 그냥 가려고 했습니다. 자기 생각을 따라가면 아무리 그럴 듯한 이야기라도 문둥병이 낫지 않습니다. 우리도 자신의 생각을 따라가면, 그 생각이 아무리 그럴 듯해도 죄 사함을 받지 못하고 하나님의 역사를 맛보지 못합니다. 내 생각을 버리고 하나님의 말씀을 받아들일 때 하나님의 말씀이 우리를 이끌어 가며 말씀대로 역사가 일어나서 우리가 복된 사람이 됩니다.

우리는 다 죄악 된 본성을 가지고 있습니다. 하나님을 거스른 아담의 후손이기 때문입니다. 이제 우리가 아담과 반대로 하나님께로 돌아서야 합니다. '내 생각을 따라 살아서 나는 망하고 불행했어. 이제 내 생각을 버리고 하나님의 말씀을 따라야겠다!' 하는 것입니다. 신앙생활을 시작하면서 가장 중요한 것이 성경 말씀과 다른 내 생각을 부인하는 것입니다.

과거로 흘러가지 않고 영원한, 하늘나라의 성전에서
지난 시간에도 이야기했지만, 저는 1962년에 죄 사함을 받았습니다.

당시 우리나라는 6·25전쟁 이후에 사는 게 굉장히 어려워서 제가 도둑질을 많이 했습니다. 남의 밀밭에서 밀도 꺾어서 구워 먹고, 감자도 캐먹고, 사과도 따먹었습니다. 죄가 많아서 저는 분명히 지옥에 간다고 생각했습니다. 그런데 지옥에 가는 것이 반갑진 않습니다. 제가 죄를 씻고 싶어서 죄를 용서해 달라고 아무리 기도해도 마음에 죄가 사해졌다는 확신이 오지 않았습니다. 그래서 성경을 읽기 시작했습니다. 한 번 읽고, 두 번 읽고, 세 번 읽고, 열 번 읽고, 스무 번 읽고…. 성경을 읽으면서 제가 하던 신앙생활이 성경과 맞지 않다는 사실을 알 수 있었습니다.

어느 날은 레위기 4장에서 죄가 사해지는 속죄제사에 관한 말씀을 읽었습니다. 우리 죄가 사해지는 길이 자세히 기록되어 있었습니다. 평민 가운데 한 사람이 율법 중 하나라도 부지중에 범했다가 그 사실을 깨달으면, 그는 흠 없는 암염소를 끌고 성막으로 가서 염소의 머리에 안수한 뒤 그 염소를 잡았습니다. 지난 시간에 이야기한 대로 안수는 죄를 넘기는 과정입니다.

"아론은 두 손으로 산 염소의 머리에 안수하여 이스라엘 자손의 모든 불의와 그 범한 모든 죄를 고하고 그 죄를 염소의 머리에 두어 미리 정한 사람에게 맡겨 광야로 보낼지니"(레 16:21)

죄를 넘겨받은 염소나 양이 죽임을 당함으로 죄가 사해졌습니다.

구약 시대에 드린 속죄제사의 규례대로 예수님이 세상에 오셔서 세례 요한에게 세례를 받을 때, 요한이 예수님의 머리에 안수해 세상 죄를 넘겼습니다.

"이튿날 요한이 예수께서 자기에게 나아오심을 보고 가로되, 보라

3장 • 생각을 버리고 성경 말씀대로

세상 죄를 지고 가는 하나님의 어린 양이로다."(요 1:29)

세상의 모든 죄를 예수님이 지셨습니다. 죄가 우리에게 있습니까, 예수님에게 있습니까? 예수님에게 있습니다.

여러분이 꼭 기억해야 할 사실이 있습니다. "하나님, 제가 이러이러한 죄를 지었습니다. 용서해 주십시오." 이렇게 기도한다고 죄가 씻어지는 것이 아닙니다. 죄는 죄의 삯인 사망을 지불하는 속죄제사로만 씻어집니다. 구약 시대에 양을 잡고 소를 잡아 제사를 드려 죄가 씻어졌습니다. 그것은 장차 예수님이 죽으심으로써 인류의 죄를 다 씻으실 것을 보여 주는 그림자입니다. 실제로 예수님이 하나님의 어린양으로 세상에 오셔서 세례 요한에게 세례를 받아 세상 죄를 넘겨받으셨고, 죄를 지고 십자가로 가셨습니다.

우리가 죄를 씻기 위해서 하나님께 죄를 용서해 달라고 기도해야 하는 것이 아닙니다. 물론 죄를 뉘우치고 마음을 돌이켜야 하지만, 회개가 죄를 씻는 것은 아닙니다. 우리 죄가 예수님에게로 건너갔고, 예수님이 그 죄를 지고 십자가에 못 박혀 죽으심으로 우리 죄가 씻어졌습니다. 이에 대해서 히브리서 9장 11절이 정확히 이야기하고 있습니다.

"그리스도께서 장래 좋은 일의 대제사장으로 오사 손으로 짓지 아니한, 곧 이 창조에 속하지 아니한 더 크고 온전한 장막으로 말미암아"(히 9:11)

여기 나오는 '장막'은 성전을 가리킵니다. 이스라엘 백성이 이집트에서 나올 때, 모세가 시내산에서 하늘에 있는 성전을 보고 이 땅에 성전을 지었습니다. 당시는 광야를 옮겨 다닐 때여서 건물을 지은 것이 아니라 천막으로 성전을 지었습니다. 그것을 성막이라고 했습니다. 사람의 손으로 지은 장막이 바로 성막입니다. 그런데 예수님은 대제사장으로 오셔서 '손으로 짓지 아니한, 곧 이 창조에 속하지 아니한 더 크고 온전한 장막'에서 속죄제사를 드렸다고 했습니다. 이 장막은 하늘나라에 있는 성전을 가리킵니다.

예수님은 십자가에서 흘리신 피를 이 땅에 있는 성전에 뿌리신 것이 아니라 하늘나라 성전에 뿌리셨습니다. 왜 그렇게 하셨습니까? 이 땅은 시간계時間界여서 죄가 영원히 씻어지지 않습니다. 속죄제사를 드려 죄를 씻어도 시간이 흐르면 그 일이 과거가 되어서, 다시 죄를 지으면 또 속죄제사를 드려야 했습니다. 이처럼 시간계인 이 세상에는 과거가 있고, 현재가 있고, 미래가 있습니다. 하늘나라는 시간계가 아니라 영원계永遠界입니다. 그곳에는 과거도 없고 미래도 없고 현재만 존재합니다. 하늘나라에서는 무엇이든지 과거로 흘러가는 것이 없고 영원합니다.

구약 시대에는 양을 잡고 소를 잡아 제사를 드렸습니다. 그 제사는 죄를 사함 받은 뒤 다시 죄를 지으면 또 제사를 드려야 했습니다. 예수님은 이 땅에 있는 성전이 아닌, 하늘나라 성전에 있는 제단에 피를 뿌리셨습니다. 그 제단은 영원하기 때문에 죄가 영원히 씻어집니다.

"염소와 송아지의 피로 아니하고 오직 자기 피로 영원한 속죄를 이루사 단번에 성소에 들어가셨느니라."(히 9:12)

구약 시대에는 염소나 송아지의 피를 흘려 죄를 씻었습니다. 그것은 영원하지 않습니다. 예수님은 염소나 송아지의 피가 아닌 십자가에서 흘리신 당신의 피를 가지고 하늘나라에 있는 성소에 뿌려 영원한 속죄를 이루셨습니다.

제가 아직 80살이 안 되었는데도 많이 늙었습니다. 전에는 운동으로 수영을 했는데 코로나 때문에 할 수 없게 되어서 요즘은 족구를 합니다. 족구 하는 것이 재미가 있지만 늙어서 몇 경기 하고 나면 몸이 피곤합니다. 그래도 운동을 해야 한다고 해서 하고 있습니다. 이처럼 우리가 늙어갑니다. 저도 거울 앞에서 제 얼굴을 보고 '어, 많이 늙었네' 그럽니다. 저만 늙는 것이 아니라 제 옆에 있는 목사님들도 다 늙어갑니다. 시간계에서는 이처럼 시간이 흘러가면서 모든 것이 변합니다.

영원계에 가면 시간이 흐르지 않습니다. 영원합니다. 시간계에 속한 이 몸으로는 영원히 살 수 없기 때문에 영원한 몸으로 바꾸어야 합니다. 그렇게 하기 위해 우리가 죽음을 통과해서 하나님이 주시는 새 몸을 입습니다. 거기 가면 영원히 죽지 않는 몸을 얻게 됩니다. 예수님이 그 영원한 하늘나라에서 영원한 속죄를 이루셨습니다.

"염소와 송아지의 피로 아니하고 오직 자기 피로 영원한 속죄를 이루사 단번에 성소에 들어가셨느니라."(히 9:12)

따라해 보십시오. "영원한 속죄를 이루사" 이 말씀이 너무너무 좋습니다.

저는 옛날에 히브리서를 읽으면서 깜짝깜짝 놀랐습니다. 한국 목사님들은 히브리서가 어렵다고 히브리서 말씀으로 설교하는 사람이 없다고 합니다. 알고 보면, 히브리서가 정말 쉽습니다. 히브리서 10장에는 재미있는 이야기가 많습니다.

"이 뜻을 좇아 예수 그리스도의 몸을 단번에 드리심으로 말미암아 우리가 거룩함을 얻었노라."(히 10:10)

예수님이 우리 죄를 위해 죽으심으로 말미암아 우리가 거룩해졌습니다.

"제사장마다 매일 서서 섬기며 자주 같은 제사를 드리되 이 제사는 언제든지 죄를 없게 하지 못하거니와"(히 10:11)

시간계인 이 세상에서는 제사장들이 매일 서서 섬기며 같은 제사를 자주 드렸지만 언제든지 죄가 없게 하지는 못했습니다. 그 제사는 지은 죄만 씻을 뿐이기 때문입니다. 제사를 드린 뒤 죄를 지으면 또 제사를 드려야 했습니다. 자주 같은 제사를 드릴 수밖에 없었습니다. 그래서 제단 밑에는 피가 강물처럼 흐르고 제단에서 속죄 제물이 타는 연기가 구름처럼 올라갔다고 했습니다. 계속 죄를 짓고 제사를 드리니까 속죄 제물이 흘린 피가 계속 흘렀습니다.

"오직 그리스도는 죄를 위하여 한 영원한 제사를 드리시고 하나님 우편에 앉으사"(히 10:12)

예수님은 영원한 제사를 드리셨습니다. 구약 시대에 제사장들이 자주 같은 제사를 드려야 했기 때문에 매일 서서 섬긴 것과 달리 예수님은 다시 제사를 드릴 필요가 없기 때문에 하나님 우편에 앉으셨습니다.

거룩한 하나님 어린양 예수의 그 피로 속죄함 얻었네

이 시대에 교회에서 가장 혼동되어 있는 것이 죄 문제입니다. 사람들이 찬송을 부를 때에는 죄가 씻어졌다고 노래합니다.

기쁜 날 기쁜 날
주 나의 죄 다 씻은 날

마음에 가득한 의심을 버리고
지극히 화평한 맘으로
찬송을 부름은 어린양 예수의
그 피로 속죄함 얻었네

그리고 기도할 때에는 "주여, 죄인입니다. 용서해 주십시오." 합니다. 많은 교회에서 이렇게 합니다. 사람들이 예수님이 십자가에서 우리 죄를 씻었다고 하면서 자신은 죄인이라고 합니다. 그러나 죄를 씻는 일을 예수님이 이루셨습니다. 우리 죄가 영원히 씻어졌습니다.

코로나 팬데믹 이전에는 우리가 해마다 고척스카이돔에서 부활절 연합예배를 드렸습니다. 실내야구장인 그곳에는 많이 모이면 3만 명이 모일 수 있습니다. 코로나 팬데믹이 시작되면서 고척스카이돔에서 더 이상 부활절 행사를 할 수 없어서 온라인으로 부활절 연합예배를 드렸습니다. 제가 말씀을 전하고, 영어·스페인어·불어·중국어·러시아어로 동시통역했습니다. 부활절 행사를 마친 뒤 스페인어 통역을 맡은 자매가 이야기하길 '말씀을 통역하는 동안 댓글이 5천여 개가 올라왔다'고 했습니다. 새벽, 오전, 저녁 세 번 부활절 기념 예배를 드렸는데 매 시간 200만 명이 접속해서 말씀을 들었다고 했습니다.

그 후 미국 최대 기독교 방송인 CTN에서 저에게 방송 설교를 요청해, 한국인 목회자로는 처음으로 매주 한 시간씩 제 설교가 방영되었습니다. 한번은 CTN에서 저를 인터뷰했는데, 진행자가 제가 쓴 책을 한 권 달라고 해서 제 저서 80권 가운데 첫 설교집인 '죄 사함 거듭남의 비밀'을 주었더니 그분이 책을 읽고 감탄했습니다. 자신이 이전에 예수님을 영접했지만 이번에 죄 사함을 받았다고 했습니다. 지금은 미국 51개 방송에서 일주일에 한 번씩 제 설교를 방송하고 있습니다. 많은 미국 사람들이 속죄의 말씀을 듣고 '이것이 참 성경 말씀이다' 합니다.

이 자리에도 우리 선교회 소속이 아닌 목사님들이 해외에서 100명 가까이 오셔서 함께하고 계십니다. 우리가 CLF 행사를 할 때에는 목회자들이 800명씩 옵니다. 그분들이 우리가 전하는 말씀을 듣고 놀랍니다.

우리가 분명히 알아야 하는 사실이, 시간계에서 죄를 씻는 것은 그 효력이 한정되어 있지만 영원계에서는 죄가 영원히 씻어진다는 것입니다. 영원히 씻는 것은 두 번 씻을 필요가 없습니다. 단 한 번이면 됩니다.

"이 뜻을 좇아 예수 그리스도의 몸을 단번에 드리심으로 말미암아 우리가 거룩함을 얻었노라."(히 10:10)

하늘나라에 가면 그 어디에서도 박옥수 목사의 죄를 찾을 수 없습니다. 영원히 씻어졌기 때문입니다. 여러분의 죄도 마찬가지입니다. 우리는 죄인이 아닙니다. 우리가 죄인이라면 예수님이 헛 죽었다는 이야기로 그것만큼 예수님을 모욕하는 말이 없습니다. 속지 마십시오. 예수님의 피로 우리 죄가 영원히 씻어졌습니다.

> 금이나 은같이 없어질 보배로
> 속죄함 받은 것 아니요
> 거룩한 하나님 어린양 예수의
> 그 피로 속죄함 얻었네

어떤 사람은 과거에 지은 죄는 씻어졌지만 앞으로 짓는 죄는 다시 사함 받아야 한다고 말합니다. 말도 안 되는 이야기입니다. 그런 말을 하는 것은 히브리서 성경을 읽지 않았기 때문입니다.
"그 후에 자기 원수들로 자기 발등상이 되게 하실 때까지 기다리시나니"(히 10:13)
예수님이 자기 죄를 씻지 못했다고 하는 사람들이 예수님의 원수입니다. 사탄이 그렇게 속일 때 그것을 따라간 사람들입니다.

예수님이 십자가에 못 박히셔서 형제가 온전하게 되었어
히브리서 10장 14절은 정말 복된 말씀입니다.
"저가 한 제물로 거룩하게 된 자들을 영원히 온전케 하셨느니라."(히 10:14)
지난 시간에도 이야기했지만, 제가 합천에 있는 교회를 방문했을 때 한 젊은 부인이 저를 찾아와 울면서 말했습니다.
"목사님, 저는 남편하고 도저히 못 살겠어요."

남편이 갓 결혼해서는 좋았는데, 결혼하고 2~3년 지나면서 술을 마시기 시작해 지금은 술에 빠져서 산다고 했습니다. 제가 다음날 남편을 데리고 오라고 해서 이튿날 새벽에 남편과 함께 왔습니다. 남편은 일어나서 소주 한 병을 사발에 부어 마시고 와서 입에서 술 냄새가 풀풀 났습니다. 제가 히브리서 10장을 펴서 14절을 읽어보라고 했습니다. 우리가 다 같이 읽어봅시다.

"저가 한 제물로 거룩하게 된 자들을 영원히 온전케 하셨느니라." (히 10:14)

제가 남편에게 물었습니다.

"형제, 온전해?"

"안 온전합니다."

술에 빠져 사는 사람이 어떻게 온전하다고 하겠습니까?

"예수님이 십자가에 못 박히셔서 형제가 거룩하게 되었고 온전하게 되었어. 성경에 그렇게 되어 있지?"

"예."

"형제, 온전해?"

"안 온전합니다."

"성경은 온전하다고 하는데 형제는 온전하지 않다고 하고, 성경이 맞아 형제 말이 맞아?"

"성경이 맞습니다."

"그럼 온전해?"

20분쯤 싸우다가 제가 이겨서 형제가 온전하다고 했습니다. 형제가 그 다음날 소주를 마시려고 찾았는데 마시고 싶은 생각이 들지 않더랍니다. 하루에 소주를 10병씩 마시던 사람이 그날부터 술이 끊어졌습니다. 우리가 말씀을 믿음으로 받아들이면 그 말씀이 우리 마음 안에 거합니다. 그때부터 말씀이 일을 합니다. 제가 형제에게 우리 선교회에서 운영하는 신학교에 들어오라고 해서 지금은 목회를 잘하고 있습니다. 누구보다 그 아내가 너무 좋아합니다.

오늘 한국에서는 많은 사람들이 다니는 큰 교회에서도 교인들이 자기가 죄인이라고 합니다. 예수님이 헛 죽었다는 이야기입니다. 그것은 껍데기로 예수님을 믿는 것이지 진짜 예수님을 믿는 것이 아닙니다.

저는 1962년에 성경을 읽다가 내 죄가 사해진 것을 알았습니다. 선산에서 제가 다니던 교회의 청년들에게 죄 사함을 받아야 한다고 하자, 많은 청년들이 자신도 죄 때문에 괴로운데 어떻게 해야 하느냐고 물었습니다. 그때는 제가 어떻게 죄를 사함 받는지 잘 이야기해 주지 못했습니다. 제가 청년들에게 죄 사함 받아야 한다고 말한다는 이야기가 목사님 귀에 들어갔습니다. 목사님도 죄인이라고 하고 장로님도 죄인이라고 하는데 내가 죄가 없다고 하니까 잘못되었다고 했습니다. 그 후 하나님의 인도로 선교사님들이 시작한 선교학교에 들어가서 신앙 훈련을 받은 뒤 경남 합천의 압곡동과 거창의 장팔리에서 복음을 전하며 성경을 계속 읽었습니다.

제가 죄 사함 받기 전에는 소설을 좋아했습니다. 소설책 살 돈이 없어서 선산 아무개에게 책이 있다고 하면 찾아가서 빌려 달라고 부탁해 밤새 읽고 돌려주었습니다. 재미있는 소설들은 단숨에 두 번을 읽고, 재미있는 대목들만 골라서 다시 읽기도 했지만 더 이상은 읽기 힘들었습니다. 성경은 100번을 읽어도 재미있었습니다. 이것이 하나님의 말씀입니다. 성경을 읽으면서 말씀이 하나 둘 믿어져 내 마음 안에 들어오자 그 말씀이 저를 끌고 다니며 일을 했습니다.

몇 달 전, 코로나 때문에 한동안 가지 못했던 남태평양의 피지를 방문해 집회를 가졌습니다. 4천 석 되는 장소에 사람들이 가득 찬 가운데 말씀을 전했습니다. 말씀을 마치고 죄 사함 받은 사람은 손을 들라고 하니 대부분 손을 들었습니다. 앞으로 나와서 죄 사함 받은 간증을 해보라고 하자, 일곱 분이 무대로 올라와서 어떻게 죄 사함을 받았는지 간증했습니다. 정말 감사했습니다.

우리 죄가 영원히 씻어졌습니다. 죄가 있다고 속지 마십시오. 이것은 박옥수 목사가 하는 이야기가 아닙니다. 성경에 기록된 하나님의 말씀입니다.

"또한 성령이 우리에게 증거하시되, 주께서 가라사대 '그날 후로는 저희와 세울 언약이 이것이라' 하시고 '내 법을 저희 마음에 두고 저희 생각에 기록하리라' 하신 후에 또 '저희 죄와 저희 불법을 내가 다시 기억지 아니하리라' 하셨으니"(히 10:15~17)

하나님이 우리 죄와 불법을 다시 기억하시지 않는다고 했습니다. 하나님은 거짓말하시지 않습니다. 우리 죄가 다 씻어졌을 뿐 아니라 하나님이 우리 죄를 기억하시지도 않습니다.

"이것을 사하셨은즉 다시 죄를 위하여 제사 드릴 것이 없느니라." (히 10:18)

우리가 죄를 사함 받기 위해 더 이상 제사 드릴 것이 없습니다. 성경은 정말 놀랍게 우리에게 이렇게 이야기합니다. 저는 성경을 읽다가 감격스러울 때가 많습니다.

누구를 만나든지 복음을 전하며 산 60년
지난 주일 저녁에 제가 복음을 전한 지 60년이 되었다고 교회에서 기념행사를 했습니다. 이스라엘을 방문했을 때 목회자들과 함께 기념모임을 가졌는데, 성도들이 아쉽다고 해서 기념 예배를 다시 드렸습니다. 제가 복음을 전하며 산 세월이 60년인데, 금방 지나간 것 같습니다. 그동안 수많은 사람들에게 죄 사함 받는 말씀을 전했습니다. 한번씩 지난 시간들을 생각해 보면 감격스럽습니다. 지금은 우리 선교회가 전 세계에서 많은 활동을 하고 있습니다. 수많은 나라들에 선교사들이 가서 복음을 전하고 있습니다. 우리가 방송으로도 복음을 전하고 집회를 통해서도 복음을 전합니다.

몇 년 전 제가 에스와티니에 갔을 때 국왕께 복음을 전했습니다. 제가 에스와티니에 가기 얼마 전에 그 나라에서 해외봉사를 하던 두 학생이 국립대학교 졸업식장에 찾아갔습니다. 그들은 그라시아스 음악학교에 다니던 학생들로, 졸업식을 진행하는 사람을 찾아가서 "저희는 한국에서 온 음악학교 학생들로 노래를 잘합니다. 오늘 졸업식에서 저희가 노래를 불러드리고 싶습니다."라고 했습니다. 진행자가 안 된다고 하며, 그 졸업식에 국왕께서 오시기 때문에 정해진 시간표를 아무도 바꿀 수 없다고 했습니다. 할 수 없이 두 학생이 졸업식을 보고 가려고 앉아 있는데, 잠시 후 진행자가 찾아와서 국왕께서 늦으니 노래를 세 곡 불러 달라고 했습니다.

두 학생이 졸업식에 참석한 사람들 앞에서 노래를 불렀습니다. 첫 곡의 반쯤 불렀을 때 국왕께서 졸업식장에 들어와 자리에 앉으셨습니다. 학생들이 세 곡을 부른 뒤 졸업식이 시작되었고, 식이 끝난 뒤 국왕께서 두 학생을 찾으셨습니다. 그 자리에서 두 학생이 국왕께 '열흘 후에 IYF 설립자 목사님이 에스와티니에 오신다'고 했습니다. 국왕께서 한 장관을 불러 '열흘 뒤에 목사님이 오면 나에게 모시고 와라'고 지시하셨습니다.

며칠 후, 제가 에스와티니 공항에 내리자 그 장관님이 마중 나와서 저를 왕궁으로 데리고 갔습니다. 국왕과 만나는 시간이 40분이라고 해서, 함께 간 사람들과 국왕께 인사를 드린 뒤 바로 죄 사함에 대해 이야기했습니다. 국왕께서 저를 뚫어질 것처럼 쳐다보시는데 눈을 마주치기 힘들었습니다. 40분이 다 되어 이야기를 마치자 국왕께서 "목사님, 더 전해 주십시오."라고 했습니다. 30분을 더 이야기하자 국왕께서 다시 말씀을 더 전해 달라고 하셨습니다. 그렇게 1시간 반 동안 말씀을 전했고, 그날 국왕께서 죄 사함을 받으셨습니다. 이 자리에 에스와티니에서 오신 목사님이 계시는데, 국왕께서 그 목사님 편에 저에게 편지를 보내셨습니다. 정말 감사했습니다.

몇 달 전에 에스와티니에 갔을 때에는, 그 나라에 교회들이 아주 많은데 여러 교단의 목회자 2천 명이 모인 자리에서 제가 말씀을 전했습니다. 제가 설교를 마치자 목사님들이 "우리 다 기쁜소식선교회와 합치자."라고 했습니다. 우리가 목사님들에게 성경에 기록되어 있는 죄 사함에 대해 가르쳐 주고 있습니다.

한번은 뉴욕에서 세계 정상 회담이 있어서 국왕께서 뉴욕에 오셨습니다. 저도 뉴욕에 있어서 국왕을 찾아가 만나 이야기를 나눈 뒤 식사 초대를 했습니다.

"국왕 폐하, 제 아들이 뉴욕에 사는데 시간 되시면 아들 집에 와서 식사를 한 번 하시겠습니까?"

"미국 정부에서 국가 원수들 경호가 어렵다고 숙소 밖으로 나가지 못하게 합니다."

"아, 그렇겠습니다."

국왕께 식사를 대접하고 싶었지만 포기하고 나와서 휴게실에 잠시 앉아 있는데, 젊은 분이 한 사람 오길래 물었습니다.

"당신은 어디에서 왔습니까?"

"저는 사모아에서 왔습니다."

사모아 총리의 비서실장이었습니다.

"총리님은 어디 계십니까?"

"옆에 있는 방에서 쉬고 계십니다."

제가 제 명함을 주면서 말했습니다.

"저는 박옥수 목사라는 사람인데 총리님을 뵐 수 있는지 이야기 좀 해주세요."

"알겠습니다."

비서실장이 총리님 방으로 갔다가 다시 나와서 말했습니다.

"총리님이 목사님을 만나고 싶다고 하십니다."

저는 특기가 복음 전하는 것입니다. 총리님을 만나 40분 동안 죄 사함 받는 이야기를 했습니다. 총리님이 그날 죄 사함을 받고 너무 기뻐하셨습니다. 지금은 임기가 끝나 총리 자리에서 내려왔는데, 얼마 전 제가 호주에 집회하러 갔을 때 그분이 오셔서 저를 사모아에 초청했습니다. 제가 한번 가야 합니다.

우리가 죄를 지었지만 예수님이 십자가에서 흘리신 피로 모든 죄가 씻어졌습니다. 죄가 씻어진 것을 믿음으로 마음에 받아들이면 그 안에 성령이 들어가셔서 어떤 사람이든지 변합니다. 앞에 이야기한, 술에 빠져 살던 사람도 변해서 귀한 목회자가 되었습니다. 우리 선교회의 한 목사님은 살인에 연루되어 교도소에서 십 수 년을 지냈는데, 그때 제 책을 읽고 죄 사함을 받아 출소한 뒤 목회자가 되어서 하나님 앞에 전혀 부족함 없이 쓰임을 받고 있습니다. 저보다 일을 훨씬 잘하는데 그래도 제가 나이가 들었다고 저에게 깍듯이 대해주어서 제가 고맙다고 합니다.

우리 가족들도 다 구원을 받았습니다. 제가 나이를 많이 먹는 동안 아버지가 구원받으시고, 형님과 두 누님이 구원받고 동생도 구원받았습니다. 일본에 있는 삼촌과 그 자녀들도 구원을 받았습니다. 말할 수 없이 감사합니다.

이제부터는 예수님께 감사하며 찬양하고 사십시오

예수님이 십자가에 못 박혀 우리가 받아야 할 죄의 벌을 다 받았기 때문에 우리 죄가 다 씻어져서 우리가 온전하게 되었습니다. 혹시 자신이 죄인이라고 생각한 분이 있으면 이제 그 생각을 버리십시오.

히브리서 10장 17절입니다.

"또 '저희 죄와 저희 불법을 내가 다시 기억지 아니하리라' 하셨으

니"(히 10:17)

하나님이 우리 죄와 불법을 다시 기억하지 않는다고 하셨습니다.
"이것을 사하셨은즉 다시 죄를 위하여 제사 드릴 것이 없느니라." (히 10:18)

모든 죄가 완벽하게 사해져서 이제 죄를 위해 다시 제사 드릴 것이 없습니다. 우리가 이대로 믿을 때 하나님과 우리 마음이 한마음이 됩니다. 그때부터 우리의 모든 삶과 모든 일에 하나님이 함께하며 도우십니다.

얼마 전에 제가 그라시아스합창단과 함께 이스라엘에 가서 평화 콘서트를 열었습니다. 오늘 아침 이스라엘 신문에 저에 관한 기사가 실린 것을 보았습니다. 한국말로 번역된 내용을 보내주어서 읽고 너무 감사했습니다. 우리가 이스라엘과 아주 가까워졌습니다. 수석 랍비께서 마음을 다해 우리를 도와주셔서 앞으로 이스라엘에서 집회를 많이 하려고 합니다.

세계 많은 나라에서 저에게 오라고 부탁합니다. 제가 다 갈 수 없어서 우리 선교회에서 저보다 일을 잘하는 몇몇 목사님들이 대신 가서 집회를 가지고 있습니다. 집회 때마다 많은 사람들이 죄 사함을 받습니다.

아직도 한국에는 죄인이라고 하는 사람들이 너무 많습니다. 그것은 예수님이 죄 씻는 일을 실패했다는 이야기로, 주님이 얼마나 섭섭하게 생각하시는지 모릅니다. 예수님은 우리 죄 때문에 십자가에 못 박히셨습니다. 십자가에서 우리 죄의 값을 다 지불하셨습니다. 그래서 우리가 영원히 의로워졌습니다.

이제부터는 예수님께 감사하며 찬양하고 사십시오. 여러분이 죄인이 아닙니다. 이 사실을 믿으면 여러분이 언제 주님 앞에 가도 그 앞에 어엿이 설 수 있습니다. 또한 여러분의 가족이나 친척도 죄 사함을 받도록 이끌어줄 수 있습니다. 이 집회에 참석한 여러분 가운데 한 사람도 빠짐없이 죄에 매여 있지 말고 예수님의 피로 죄 사함을 받아 기쁨으로 주님과 동행하다가 하나님 앞에 서시게 되길 바랍니다.

04

여호와의 말씀을 들을지어다

제 4 장

여호와의 말씀을
들을지어다

열왕기하 7장 1절부터 읽겠습니다.

"엘리사가 가로되 '여호와의 말씀을 들을지어다. 여호와께서 가라사대 내일 이맘때에 사마리아 성문에서 고운 가루 한 스아에 한 세겔을 하고 보리 두 스아에 한 세겔을 하리라 하셨느니라.' 그때에 한 장관 곧 왕이 그 손에 의지하는 자가 하나님의 사람에게 대답하여 가로되 '여호와께서 하늘에 창을 내신들 어찌 이런 일이 있으리요?' 엘리사가 가로되 '네가 네 눈으로 보리라. 그러나 그것을 먹지는 못하리라' 하니라. 성문 어귀에 문둥이 네 사람이 있더니 서로 말하되 '우리가 어찌하여 여기 앉아서 죽기를 기다리랴? 우리가 성에 들어가자고 할지라도 성중은 주리니 우리가 거기서 죽을 것이요 여기 앉아 있어도 죽을지라. 그런즉 우리가 가서 아람 군대에게 항복하자. 저희가

우리를 살려두면 살려니와 우리를 죽이면 죽을 따름이라' 하고 아람 진으로 가려 하여 황혼에 일어나서 아람 진 가에 이르러 본즉 그곳에 한 사람도 없으니 이는 주께서 아람 군대로 병거 소리와 말소리와 큰 군대의 소리를 듣게 하셨으므로 아람 사람이 서로 말하기를 '이스라엘 왕이 우리를 치려 하여 헷 사람의 왕들과 애굽 왕들에게 값을 주고 저희로 우리에게 오게 하였다' 하고 황혼에 일어나서 도망하되 그 장막과 말과 나귀를 버리고 진을 그대로 두고 목숨을 위하여 도망하였음이라. 그 문둥이들이 진 가에 이르자 한 장막에 들어가서 먹고 마시고 거기서 은과 금과 의복을 가지고 가서 감추고 다시 와서 다른 장막에 들어가서 거기서도 가지고 가서 감추니라. 문둥이가 서로 말하되 '우리의 소위가 선치 못하도다. 오늘날은 아름다운 소식이 있는 날이어늘 우리가 잠잠하고 있도다. 만일 밝은 아침까지 기다리면 벌이 우리에게 미칠지니 이제 떠나 왕궁에 가서 고하자' 하고 드디어 가서 성 문지기를 불러 고하여 가로되 '우리가 아람 진에 이르러 보니 거기 한 사람도 없고 사람의 소리도 없고 오직 말과 나귀만 매여 있고 장막들이 그대로 있더이다.'"(왕하 7:1~10)

우리가 어른들의 이야기를 들을 때 '저분이 왜 이런 말씀을 하실까? 어떤 마음을 가지고 말씀하실까?'를 생각하게 됩니다. 사람이 마음에 있는 것을 말로 다 표현하기 쉽지 않기 때문에 말하는 사람의 마음을 헤아리는 것입니다. 성경 말씀도, 우리 마음이 하나님의 마음과 다르기 때문에 깊이 생각해야 합니다. 똑같은 성경을 읽어도 사람들의 생각이 각기 달라서 받아들이는 것도 다릅니다. 그래서 하나님은 우리에게 중요한 일을 먼저 하십니다.

조금 전 그라시아스합창단이 공연할 때 한 단원이 트럼펫을 불었습니다. 이 단원은 트럼펫 부는 법을 처음에 잘못 배워서 그것을 비우는 데 2년 반이 걸렸다고 합니다. 트럼펫을 부는 좋은 방법이 있어도 이미 익힌 연주법을 버리지 않으면 배울 수 없기 때문에 힘들어도 익숙해진 연주법을 버려야 하는데, 그렇게 하는 데 걸린 시간이 2년 반이었다고 합니다.

신앙의 세계에서도 하나님의 말씀을 받아들이기 위해 잘못된 우리 생각이 버려져야 합니다. 교회에 다니는 많은 사람들이 예배에 참석하고 기도하고 성경을 읽습니다. 그런데 똑같은 성경을 읽어도 사람마다 생각이 달라서 받아들이는 것이 다릅니다. 하나님의 말씀을 마음에 그대로 받아들이는 사람은 극히 드뭅니다. 우리가 가지고 있는 생각이 하나님의 생각과 다를 때, 우리가 하나님과 하나가 되기 위해서는 우리 생각을 버려야 합니다. 그 과정을 거쳐 우리 마음이 하나님의 마음과 같아지는 수준에 도달하면 우리 삶 속에 하나님이 역사하시는 것이 분명히 보입니다.

하늘에 창을 내신들 어찌 그런 일이 있으리오?

열왕기하 7장은 이스라엘과 아람 사이에 전쟁이 일어났을 때의 일을 기록한 것입니다. 아람이 이스라엘을 쳐들어와 이스라엘이 아람과 싸우다가 전세가 불리해지자 성 안으로 들어가 성문을 걸어 잠갔습니다. 아람 군사들이 성에서 조금 떨어진 곳에 진을 치고 이스라엘이 항복할 때까지 기다렸습니다.

성을 쌓을 때 옛날 일본 사람들은 왕궁만 쌓았다고 합니다. 한국 사람들은 도시를 쌓았습니다. 중국 사람들은 나라 전체를 쌓았습니다. 중국처럼 나라 전체를 성으로 쌓으면 그 안에서 농사를 짓고 살 수 있지만, 보통은 사람이 사는 곳에만 성을 쌓기 때문에 논밭에는 갈 수 없습니다. 이스라엘 백성들이 성 밖으로 나갈 수 없어서 자연히 먹을 것이 떨어졌습니다. 시간이 흐르면서 사람들이 주리기 시작했습니다.

열왕기하 7장 앞 장인 6장 마지막 부분에 보면, 사마리아 성에서 여자들이 자기 아이를 삶아 먹는 이야기가 나옵니다. 사람이 굶주리면 정신이 약해져서 아이도 삶아 먹는다고 합니다. 사마리아 성이 굶주림으로 망하기 직전에 놓여 있었습니다. 그때 하나님의 사람 엘리사가 말했습니다.

"여호와의 말씀을 들을지어다. 여호와께서 가라사대 '내일 이맘때에 사마리아 성문에서 고운 가루 한 스아에 한 세겔을 하고 보리 두 스아에 한 세겔을 하리라' 하셨느니라."

굶어 죽어가고 있는 사마리아 성 사람들에게 내일 이맘때에 양식이 넘친다고 외친 것입니다. 그 이야기를 들은 한 장관이 생각했습니다. '뭐? 내일 고운 가루 한 스아에 한 세겔을 하고 보리 두 스아에 한 세겔을 한다고? 하나님이 하늘에 창을 내도 그런 일은 일어나지 않겠다.' 장관이 엘리사에게 말했습니다.

"여호와께서 하늘에 창을 내신들 어찌 그런 일이 있으리오?"

장관은 엘리사가 한 이야기를 말이 안 되는 소리라고 비웃었습니다. 엘리사가 말했습니다.

"네가 네 눈으로 보리라. 그러나 그것을 먹지는 못하리라."

그때 하나님이 일하시기 시작했습니다. 사마리아 성문 어귀에 문둥이 네 사람이 있었는데, 그들은 문둥병에 걸려서 성에 들어가지 못하고 성 밖에서 지내고 있었습니다. 하루는 문둥이들이 서로 말했습니다.

"우리가 어찌 여기 앉아서 죽기를 기다리랴? 우리가 성에 들어가자고 할지라도 성중은 주리니 우리가 거기서 죽을 것이요, 여기 앉아 있어도 죽을지라. 그런즉 우리가 가서 아람 군대에게 항복하자. 저희가 우리를 살려두면 살려니와 우리를 죽이면 죽을 따름이라."

네 문둥이가 황혼녘에 일어나 아람 군대를 향해 걸어갔습니다. 오랫동안 굶어서 비틀비틀 걸어가다가 넘어지고, 또 넘어지면서 갔습니다. 해가 지고 캄캄해지는데, 문둥이들이 걸어가는 소리를 하나님이 음향 효과를 내 아람 군사들에게 수많은 말발굽 소리, 병거 소리, 큰 군대의 소리로 들리게 했습니다. 앞이 잘 보이지 않는데 저 멀리서 엄청난 소리가 몰려오니까 아람 군사들이 정신을 잃었습니다. "이게 무슨 소리야? 이스라엘 백성들이 애굽과 다른 나라에 돈을 주어 그 군사들이 우리를 치러 오고 있다!" 그들이 혼비백산해 말도 타지 않고 정신없이 도망갔습니다.

얼마 뒤 네 문둥이가 아람 진에 도착해서 보니 사람이 아무도 없었습니다. 한 장막에 들어가니 밥상이 차려져 있고 찌개가 끓고 있었습니다. '이게 꿈이야 생시야!' 문둥이들이 마음껏 먹고, 금과 은과 의

복을 감추었습니다. 그리고 사마리아 성에 가서 그 사실을 이야기해 사람들이 아람 진으로 달려가 사마리아 성에서 고운 가루 한 스아에 한 세겔을 하고, 보리 두 스아에 한 세겔을 했습니다.

성경은 하나님의 말씀과 우리 생각의 차이를 이야기합니다. 우리가 가진 생각은 하나님의 말씀과 같지 않기 때문에 인간의 생각으로는 하나님의 말씀을 이해하지 못합니다. 누구든지 신앙생활을 바르게 하려면 성경을 읽고, '내가 볼 때 어떠하든지 이것은 하나님의 말씀이야. 하나님은 거짓말하지 않으셔. 이 말씀대로 돼.' 하고 받아들여야 합니다. 그렇게 믿을 때 우리 마음이 하나님의 마음과 하나가 되고, 지금까지 볼 수 없었던 세계를 보는 눈이 뜨입니다. 또한 하나님이 놀랍게 역사하십니다.

하나님이 주시는 새 힘으로 전갈의 독을 이길 수 있어

저는 말씀을 믿음으로 말미암아 하나님이 역사하시는 것을 정말 많이 보았습니다. 한번은 제가 집에 있는데 아프리카 라이베리아에서 전화가 왔습니다. IYF(국제청소년연합)에서 대학생들이 1년 동안 휴학하고 해외에 가서 봉사하는 프로그램을 만들었습니다. 미국에 살던 한 청년이 해외봉사를 지원해 라이베리아로 갔습니다. 하루는 이 청년이 밤에 자다가 누군가 바늘로 자기 발을 콱 찔러 "아!" 하고 잠이 깼습니다. 주위를 둘러보니 아무도 없어서 '뭐지?' 하고는 다시 잠을 청했습니다. 아침에 일어나 이 청년이 함께 활동하는 봉사단원에게 말했습니다.

"야, 어젯밤에 자다가 누가 바늘로 내 발을 콱 찌르는 것 같았어."

"형, 그거 전갈 아냐?"

"야, 웃기지 마. 우리 방에 무슨 전갈이 있어?"

시간이 흐르면서 이 청년의 속이 자꾸 울렁거렸습니다. 오후 3시쯤 되어 속이 불편해서 화장실에 가다가 도중에 쓰러져 일어나질 못했습니다. 사람들이 깜짝 놀라 뛰어가서 보니, 청년의 눈동자가 뒤집히고 죽어가고 있었습니다. 얼른 차에 태워 병원으로 급히 갔습니다. 의사가 그 청년을 보더니 받아주지 않았습니다.

"그냥 데려가세요. 살 수 없어요."

"도와주십시오!"

"안 돼요. 그냥 가세요."

"제발 도와주십시오!"

"이 사람은 전갈에 쏘였어요. 쏘였을 때 바로 와도 살까 말까인데 왜 이제 왔어요? 이제는 살 수 있는 길이 없어요. 데려가세요."

다른 병원에 찾아갔지만 같은 이야기를 했습니다. 세 번째 병원에서도 똑같이 말했습니다.

"죽어도 괜찮으니, 제발 입원시켜서 뭐라도 해주십시오!"

간청해서 청년을 병실 침대에 뉘였습니다. 그런데 얼마 지나지 않아 숨이 멎었습니다. 바로 심폐소생술을 시행해 심장이 다시 뛰었지만 혈압이 20mmHg까지 떨어지고 체온이 17도까지 떨어져, 죽은 사람이나 다름없었습니다. 라이베리아에 있는 봉사단 지부장이 저에게 전화해서 울면서 말했습니다.

"목사님, 최요한이가요 죽어가고 있어요."

"이 사람아, 진정해. 무슨 일이야? 좀 차분히 이야기해 봐."

"예, 진정하겠습니다. 최요한이가요, 최요한이가요 전갈에 쏘였어요. 의사는 두세 시간 살기 어렵대요."

한국에서 라이베리아까지 비행기로 한두 시간 만에 갈 수 있는 것이 아니니 의사나 약을 보낼 수 있는 것도 아니고, 너무 막막했습니다. 그때 내 마음에 성경 말씀이 하나 떠올랐습니다. 제가 지부장에게 말했습니다.

"내가 요한이하고 통화할 수 있는가?"

"예, 있습니다."

라이베리아 지부장이 전화기를 최요한에게 건넸습니다.

"요한아, 박 목사님이야. 전화 받아."

제가 최요한에게 말했습니다.

"요한아, 나 박옥수 목사야. 내 목소리 들려?"

"예... 목사님..."

이 청년이 라이베리아에서 더우니까 방문을 열어놓고 모기장을 치고 봉사단원들과 함께 잠을 잤습니다. 그런데 모기장이 작아서 자다가 발이 모기장 밖으로 나가 전갈이 쏘고 도망간 것입니다. 그때 바로 병원에 갔어도 살기 힘든데 한참 지나서 쓰러진 뒤에 갔으니 살 가망이 없었습니다. 전갈의 독이 이미 심장까지 퍼져서 심장이 멎어가고 있었습니다. 그 이야기를 들었을 때 제 마음에 떠오른 말씀이 있었습니다.

"오직 여호와를 앙망하는 자는 새 힘을 얻으리니…."(사 40:31)

성경은 전부 하나님의 말씀입니다. 70년쯤 전에 사해 근방에서 양을 치던 목동이 잃어버린 양을 찾으러 다니다가 동굴을 발견했습니다. 목동이 안으로 들어가기가 겁이 나 돌멩이를 주워 안으로 던지자 쨍그랑 하고 항아리 깨지는 소리가 났습니다. 동굴 안으로 들어가서 보니, 항아리 안에 양피지에 쓴 성경이 들어 있었습니다. 그 지역의 동굴 안에서 기원전 2~3세기경에 손으로 베껴서 적은 구약 성경 사본들이 다수 발견되었습니다. 그 내용이 현재 우리가 사용하고 있는 성경과 똑같습니다.

구약 성경은 처음에 모세 등이 기록한 한 권이었고, 그것을 사람들이 베껴서 성경이 점점 많아졌습니다. 그 후 중세에 구텐베르크가 금속활자를 발명해 성경을 대량으로 발간할 수 있었습니다. 전해지는 이야기로는, 구텐베르크의 어머니가 성경을 갖고 싶어했지만 당시에는 성경이 손으로 일일이 베껴 쓴 것이어서 일반 사람들은 소유하기 힘들었다고 합니다. 구텐베르크가 어머니의 소원을 들어드리고 싶어서 연구해 금속활자를 만들었고, 제일 처음 찍은 책이 성경이었다고 합니다. 그것을 '구텐베르크판 성경'이라고 부릅니다. 10여 년 전에 독일에서 어떤 사람이 자기 집 다락을 청소하다가 오래된 책을 하나 발견했는데, 바로 구텐베르크판 성경으로 아주 비싼 값에 팔렸다고 합니다. 지금은 성경이 여러 언어로 번역되어 출간되지만 내용은 다 같습니다.

성경은 하나님의 말씀입니다. 하나님은 거짓말하시지 않습니다. 아프리카 라이베리아에서 한 청년이 전갈에 쏘여 죽어가고 있는데, 의사는 두세 시간밖에 살 수 없다고 했습니다. 그 청년을 위해 제가 해줄 수 있는 게 아무것도 없었습니다. 그때 내 마음에서 이사야 40장 31절 말씀이 떠올랐습니다. **"오직 여호와를 앙망하는 자는 새 힘을 얻으리니…."**(사 40:31) 제가 전갈에 쏘인 청년에게 말했습니다.

"요한아, 너는 아프리카산 전갈에 쏘였대. 의사는 말하기를 네가 두세 시간 더 살기 어렵다고 해. 그런데 요한아, 내 이야기 잘 들어봐. 나는 오늘 아침에 이사야 성경을 읽었어. 이사야 40장 31절에 '오직 여호와를 앙망하는 자는 새 힘을 얻으리니'라고 되어 있어. 네가 전갈의 독을 이기려면 힘이 필요해. 그런데 성경에서 여호와를 앙망하는 자는 새 힘을 얻는다고 했어. 요한아, 하나님은 절대로 거짓말하시지 않아. 네가 하나님을 앙망하면 하나님이 새 힘을 주셔. 그러면 전갈의 독을 이길 수 있어."

최요한이 자신이 죽어가고 있다는 것을 느꼈습니다. 마지막으로 아버지가 생각났습니다. 자신이 라이베리아로 올 때 미국 댈러스 공항에서 비행기를 탔는데, 그때 아버지가 배웅하러 나와 자기를 따뜻하게 안으며 "요한아, 잘 갔다 와." 하셨는데 그 품에 한 번만 더 안기고 싶었습니다. 그런 생각을 하다가 전화로 제가 하는 이야기를 들었습니다. 최요한이 살 가망이 전혀 없었기 때문에 제가 한 이야기를 마음에 받아들였습니다. 하나님을 앙망해야겠다고 마음먹었습니다. '하나님, 제가 하나님을 앙망합니다.' 그러다 잠이 들었습니다.

의사 선생님! 여기 기적이 일어났어요!

저는 살면서 하나님이 역사하시는 것을 많이 경험했습니다. 한번은 제가 대구에서 살 때 '파동'이라는 동네로 이사를 갔습니다. 혼자 이

삿짐을 나르고 밤 10시쯤 되어 제 아내와 딸과 함께 이사한 집에서 잠을 잤습니다. 몸이 너무 피곤했습니다. 그런데 한밤중에 제 딸이 소스라치게 울었습니다. 아내가 불을 켜고 딸아이를 살펴보았는데 아무 문제가 없었습니다. 그래서 토닥토닥해서 재웠습니다. 우리 가족이 다시 잠들었는데 한 시간쯤 후에 딸이 또 소스라치게 울었습니다. 전날 제가 많이 피곤했기 때문에 자다가 울음소리에 깨어 짜증이 났습니다.

"여보, 애를 왜 그렇게 울려요?"

아내가 다시 딸아이를 살펴보고는 아무렇지 않은데 운다고 하며 토닥토닥해서 또 잠을 재웠습니다. 그리고 화장실에 가려고 일어나서 방문을 열고 나가다가 푹 쓰러졌습니다. '아, 우리가 연탄가스를 마셨구나.' 연탄가스를 마신 사람이 갑자기 찬바람을 맞으면 푹 쓰러집니다. 제가 딸을 안고 방에서 나가려고 하다가, 나도 쓰러지면 아이가 다칠까봐 딸을 문 쪽으로 밀었습니다. 그리고 도와 달라고 소리를 질렀습니다. 제 소리를 듣고 옆방에 세 들어 살던 사람들이 뛰어왔습니다.

"왜 그러세요?"

"우리가 연탄가스를 마셨습니다."

이사 온 첫날이어서 서로 얼굴을 처음 보는 사이였습니다.

그분들이 자기 방 앞에 있는 마루에 석유난로를 피워 주어 우리가 거기 이불을 깔고 잠을 잘 수 있었습니다. 그날 밤 딸이 울지 않았다면 우리 가족은 다 죽었을 것입니다. 하나님이 우리 가족을 그렇게 지켜 주셨습니다.

저는 똑똑하거나 잘나거나 뛰어난 사람이 아닌데, 성경을 읽으면서 그 안에 담겨 있는 하나님의 마음을 발견하고 성경 말씀을 하나씩 마음에 그대로 받아들였습니다. 그러자 말씀대로 하나님이 역사하셨습니다.

최요한이 전갈에 물려서 죽어가다가 제가 한 이야기를 듣고 하나님을 앙망했습니다. 제가 전화를 끊고 미국 댈러스 교회에 전화를 했습니다.

"댈러스 교회 목사님입니까?"

"예."

"라이베리아에 있는 최요한이 전갈에 쏘여 지금 죽어가고 있습니다. 댈러스 교회 성도들에게 전화해서 전부 요한이를 위해 기도해주시면 좋겠습니다. 요한이 부모님에게도 전화해서 상황을 말씀드리고 기도하라고 해주세요."

최요한이 '내가 하나님을 앙망합니다. 하나님을 앙망합니다.' 하다가 잠이 들었습니다. 병원을 지키던 간호사가 밤에 꾸벅꾸벅 졸다가 새벽녘에 깨어 '어제 그 청년 죽었을 거야.' 하고 시체를 처리하려고 최요한이 있는 병실로 갔습니다. 그리고 최요한이 누워 있는 침대 옆에 놓여 있는 EKG 모니터를 보고는 깜짝 놀랐습니다. 심장 박동이 멈춰 그래프에 아무 변화가 없을 줄 알았는데 혈압이 올라가고 있었습니다. 간호사가 의사가 있는 방으로 뛰어갔습니다.

"의사 선생님, 의사 선생님! 여기 기적이 일어났어요!"

"간호사, 무슨 일이야? 왜 그래?"

"빨리 나와 보세요!"

의사가 간호사를 따라 최요한이 누워 있는 병실로 가서 혈압이 올라가고 있는 것을 보고는 깜짝 놀랐습니다.

"간호사, 무슨 일을 한 거야?"

"저는 아무 것도 안 했어요."

이튿날 아침에 최요한이 아무 일도 없었다는 듯 일어났습니다. 나중에 의사가 최요한과 이야기하면서 진료 기록을 적어야 하는데 뭐라고 써야 할지 모르겠다고 했습니다. 최요한이 "하나님이 하셨다고 쓰세요."라고 했습니다.

최요한이 살아나서 너무 감사했습니다. 전갈에 쏘인 부분은 독 때문에 완전히 썩어서 발을 잘라내야 했지만 발도 잘 치료해 다 나았습니다. 지금도 발에 큰 자국이 남아 있지만 완전히 나았습니다. 그 후 결혼해 지금은 세 아이의 아빠가 되어 미국 LA에서 청소년들을 위해 일하고 있습니다.

저는 매일 성경을 읽습니다. 성경에 기록된 하나님의 말씀을 마음에 받아들이면 하나님이 약속하신 대로 이루십니다. 그런 일들을 하나 둘 경험하면서 하나님과 점점 가까워집니다. 신학교를 졸업하고 목사가 되어도 하나님을 경험하지 못한 사람들은 이론만 이야기합니다. 그러나 하나님을 경험하면 너무너무 신기합니다.

아, 이렇게 죄를 사함 받는구나

제가 1944년에 태어났고, 1년 뒤 우리나라가 일본 치하에서 해방되었습니다. 그리고 1950년에 북한이 쳐들어왔습니다. 인민군이 선산까지 내려와서 우리 집에서 기르던 돼지를 총으로 쏘아 잡아먹었습니다. 언젠가 제가 독일에 갔을 때 북한 사람들을 만나 반갑게 인사하자 그 사람들이 '남한 정부가 어떻고 저떻고' 하며 정치 이야기를 했습니다. 그래서 제가 이렇게 말했습니다.

"모처럼 타국에서 동포끼리 만났는데 정치 이야기는 하지 맙시다. 내가 어렸을 때 인민군이 쳐들어와서 우리 집 돼지를 잡아먹었는데, 정치 이야기를 하려면 돼지 값부터 물어주고 하든지요."

6·25전쟁이 일어나고 1년 뒤인 1951년 8월에 어머니가 세상을 떠나셨습니다. 한 달 뒤에는 형님이 군대에 가고, 아버지는 전쟁 물자를 나르는 보급 부대에 불려가셨습니다. 집안에 어른들이 갑자기 다 없어지고 어린 4남매만 남았습니다. 먹을 것이 없어서 자주 굶으며 어렵게 살았습니다.

전쟁이 끝나고 우리 반에 부모를 잃은 고아도 많고, 우리 마을에 남편을 잃은 부인도 많았습니다. 모두 가난하게 살던 시절이라 저도 배가 고파서 열다섯 살쯤 되면서 도둑질을 하기 시작했습니다. 어려서부터 교회에 다녔기 때문에 도둑질을 하고 나면 내가 지옥에 간다는 사실 때문에 괴롭고 두려웠습니다.

열아홉 살이 되었을 때에는 견딜 수 없을 만큼 사는 게 힘들고 죄 때문에 괴로웠습니다. 그때 성경을 많이 읽었습니다. 한 번 읽고, 두 번 읽고, 열 번 읽고, 스무 번 읽고, 쉰 번 읽고…. 나중에는 몇 번을 읽었는지 세는 것을 그만두었습니다. 성경을 읽으면서 하나님의 마음을 알게 되었고, 성경 말씀이 내 마음에서 살아 일하는 것을 맛보았습니다.

제가 도둑질도 많이 하고 거짓말도 많이 했지만 지옥에 가기는 싫었습니다. 그래서 죄를 씻고 싶었지만 죄에서 벗어나질 못하다가 성경에서 죄를 사함 받는 길을 찾았습니다. 성경을 계속 읽다 보니 레위기 4장에 나오는 속죄제사가 눈에 들어왔습니다. '아, 이렇게 죄를 사함 받는구나.'

속죄제사의 규례를 보면, 죄를 지은 사람이 자기 죄를 위해 죽어 줄 양이나 염소의 머리에 안수해서 죄를 넘긴 뒤 그 양이나 염소를 죽이면 죄를 사함 받았습니다. 성경을 계속 읽다 보니, 그 이야기가 신약 성경에도 나온다는 사실을 발견했습니다. 마태복음 3장에서 예수님이 세례 요한에게 세례를 받으면서 안수 받을 때 인류의 죄가 예수님에게 넘어갔습니다. 요한복음 1장 29절을 다 같이 읽어봅시다.

"이튿날 요한이 예수께서 자기에게 나아오심을 보고 가로되, 보라 세상 죄를 지고 가는 하나님의 어린 양이로다."(요 1:29)

예수님은 세상 죄를 지고 십자가로 가신 하나님의 어린양이었습니다. 구약 시대에 드린 속죄제사에서 안수를 받은 양이나 염소가 마지막에 죽임을 당한 것처럼, 예수님이 마지막에 십자가에서 피를 흘리고 죽으심으로 우리 죄 값을 다 지불하셨습니다.

그런데 난 네가 무슨 죄를 지었는지 기억이 안 난다

엘리사 선지자가 하나님의 말씀을 전했을 때 귀를 막았던 한 장관처럼 하지 말고, 말씀을 듣기 좋게 귀를 한번 청소하십시오. 잘 들립니까? 지금 하는 이야기는 정말 중요한 이야기이기 때문에 잘 들어야 합니다. 절대로 놓치면 안 됩니다.

"제사장마다 매일 서서 섬기며 자주 같은 제사를 드리되 이 제사는 언제든지 죄를 없게 하지 못하거니와 오직 그리스도는 죄를 위하여 한 영원한 제사를 드리시고 하나님 우편에 앉으사 그 후에 자기 원수들로 자기 발등상이 되게 하실 때까지 기다리시나니 저가 한 제물로 거룩하게 된 자들을 영원히 온전케 하셨느니라."(히 10:11~14)

하나님이 우리를 사랑하셨습니다. 그래서 예수님을 세상에 보내셨습니다. 예수님이 우리 죄를 짊어지고 십자가에 못 박혀 피를 흘리고 죽으심으로 우리 죄를 영원히 씻으셨습니다. 그래서 우리가 죄가 없고 의롭게 되었습니다. 죄를 안 지은 것이 아니라, 지었지만 다 씻어져서 죄가 없고 의롭습니다. 이것을 믿는 것이 하나님을 믿는 것입니다. 예수님이 속죄 제물로 드려져서 우리를 거룩하게 하셨고, 거룩해진 우리를 영원히 온전하게 하셨습니다.

"또한 성령이 우리에게 증거하시되, 주께서 가라사대 '그날 후로는 저희와 세울 언약이 이것이라' 하시고 '내 법을 저희 마음에 두고 저희 생각에 기록하리라' 하신 후에 또 '저희 죄와 저희 불법을 내가 다시 기억지 아니하리라' 하셨으니 이것을 사하셨은즉 다시 죄를 위하여 제사드릴 것이 없느니라."(히 10:15~18)

율법은 돌판에 기록했지만 새 언약은 우리 마음과 생각에 기록하신다고 했습니다. 어떻게 기록하십니까? 하나님이 우리 죄와 불법을 기억하신다고 했습니까? 아닙니다. 다시는 기억하지 않는다고 하셨습니다. 예수님이 우리 죄를 다 씻었고 하나님이 우리 죄와 불법을 다시 기억하시지 않기 때문에, 죄를 위하여 다시 제사드릴 것이 없습니다.

우리가 성경에서 이 사실을 배워야 합니다. 예수님이 십자가에서 피를 흘려 우리 죄를 다 씻어 놓으셨는데도 "주여, 죄인입니다. 용서해 주십시오." 한다면, 여러분이 하나님이라도 화가 나겠죠? "내 아들 예수가 피를 흘려 죄를 다 씻어 놓았는데도 죄인이라니, 말이 되느냐? 넌 지옥에나 가라." 하나님이 이렇게 말씀하실 것입니다. 그런데 오늘 얼마나 많은 사람들이 교회에 다니면서 "주여, 죄인입니다. 죄를 용서해 주옵소서." 합니까? 성경에 분명히 예수님이 흘리신 피로 우리 죄가 다 씻어졌다고 되어 있는데 말입니다. 찬송에도 있지 않습니까?

금이나 은같이 없어질 보배로
속죄함 받은 것 아니요
거룩한 하나님 어린양 예수의
그 피로 속죄함 받았네

하나님은 오늘 이 집회에 참석한, 체육관 저 꼭대기에 앉은 사람부터 이 바닥에 앉은 사람까지 모든 사람의 죄를 예수님의 피로 깨끗하게 씻으셨습니다. 성경이 그렇게 말합니다. 이것을 믿는 것이 하나님을 믿는 것입니다.

저는 도둑질도 많이 하고 거짓말도 많이 해서 분명히 지옥에 갈 거라고 생각했습니다. 제가 구원받기 전에 한번은 제가 다니던 교회에서 종각을 새로 세워, 그 종각에 페인트칠을 해야 했습니다. 종각이 높아서 꼭대기까지 올라가 페인트칠을 하는 것이 위험하기 때문에 아무도 올라가려고 하지 않았습니다. 그때 제가 올라가서 페인트칠을 했습니다. 한 손에 페인트 통을 들고 그 손으로 종각을 잡고, 다른 손으로 붓을 들고 종각에 페인트칠을 했습니다. 떨어지면 죽는데, 그때 제가 종각 꼭대기에서 바닥을 내려다보면서 '이렇게 교회 일을 하다가 죽으면 하나님이 혹시 천국에 보내주시지 않을까?'라는 생각을 했습니다.

하나님이 내 죄를 다 씻으셨고 그 죄를 기억하지도 않는다고 하셨는데, 그것을 몰랐기 때문에 그렇게 생각했습니다.

너희 죄 사해 주사 기억 아니하시네
너희 죄 사해 주사 기억 아니하시네

하나님은 우리 죄를 다 씻으시고 기억도 안 하십니다. 우리가 하나님께 죄를 지었다고 하면, "그래, 네가 죄를 지은 것은 사실이야. 그래서 내 아들 예수가 십자가에 못 박혀 죽었지. 그런데 난 네가 무슨 죄를 지었는지 기억이 안 난다." 하신다는 것입니다.

여러분 모두 죄가 씻어졌다는 믿음을 가져서
여러분이 성경을 읽고 한 구절씩 믿어야 합니다. 성경에서 우리 죄가 씻어졌다고 하면 씻어진 것이 맞습니다. 죄인이라고 하지 마십시오. 죄인은 지옥에 갑니다. 우리는 죄인이 아닙니다. 우리가 죄를 지었습니다. 그러나 그 벌을 예수님이 십자가에서 다 받으셨습니다. 그래서 죄가 다 씻어졌습니다.

저는 제가 열아홉 살이던 1962년 10월 7일에 죄 사함을 받았습니다. 이제 60년이 흘렀습니다. 60년 동안 성경을 읽고 한 구절씩 그대로 믿었습니다. 말씀이 제 마음에 들어와서 저를 이끌어, 지금 전 세계를 다니면서 많은 사람들에게 이 말씀을 전하고 있습니다. 얼마 전에는 브라질에 가서 '어셈블리 오브 갓 Assembly of God'이라는 교단에 초대받아 가서, 목회자 2천 명이 모인 가운데 설교를 했습니다.

제 아들이 브라질 아가씨와 결혼했습니다. 제 며느리가 한국 사람인데 아버지가 브라질로 이민을 가서 브라질에서 살았습니다. 아들 내외도 저와 브라질에 함께 갔는데, 제가 브라질 선교사님에게 제 설교를 통역하라고 하자 선교사님이 "목사님, 저보다 목사님 며느리가 통역을 더 잘합니다. 며느리에게 하라고 하면 좋겠습니다."라고 했습니다. 제가 한국말로 설교하고 옆에서 며느리가 포르투갈어로 통역했습니다. 그렇게 한 시간 반 동안 설교하고 마치자 총회장 목사님이 저에게 "목사님, 이 교회는 목사님 교회입니다. 언제든지 와서 말씀을 전해 주십시오."라고 했습니다.

세계 여러 나라에서 저를 초청해 말씀을 전해 달라고 하여 전 세계를 다니면서 이 말씀을 전하고 있습니다. 지난 봄에 이스라엘에 갔을 때에는 이스라엘에서 제일 높은 수석 랍비와 성경 이야기를 나누었는데 그분이 깜짝 놀랐습니다. 그분이 지난 여름에 한국에 와서 일주일을 우리와 함께 지내면서 우리가 하는 일을 보고 또 놀랐습니다. 얼마 전에는 그분의 초청으로 제가 그라시아스합창단과 함께 이스라엘에서 가서 텔아비브와 예루살렘에서 음악회를 가졌습니다. 제가 내년에 지구상에서 최남단에 있는 아르헨티나의 도시에 초청 받아서 간다고 하자 랍비도 같이 가겠다고 했습니다.

제가 예수님의 피로 내 죄가 씻어진 것을 깨달은 뒤 성경을 읽으면서 어려운 일이 있을 때마다 성경 말씀 그대로 믿고 행했을 때 하나님이 역사하시는 것을 보았습니다. 죽을 사람이 살아나는 일도 많았습니다. 필리핀에서 선교하는 남경현 목사님도 뎅기피버에 걸려 죽음 앞에 섰다가 제가 전화로 전해준 이야기를 듣고 힘을 얻어 살아났습니다. 필리핀 메디컬센터 의사가 그날 죽는다고 했던 사람이 다음 날 퇴원했습니다.

우리가 예수님을 믿으면 예수님이 우리와 함께하십니다. 우리가 어떤 예수님을 믿습니까? 십자가에 못 박혀 죽어서 우리 죄를 못 씻으신 예수님 말고, 우리 죄를 눈처럼 희게 씻으신 예수님을 믿습니다. 여러분이 그 예수님을 믿으면 마음이 깨끗해지고 예수님과 한마음이 됩니다. 그러면 삶이 얼마나 복된지 모릅니다.

저는 세계 여러 나라를 다니면서 이 말씀을 전합니다. 제가 만난 대통령만 40여 분이 됩니다. 장관들도 만나고 목회자도 만납니다. 만날 때마다 예수님의 피로 죄가 씻어진 이야기를 합니다. 미국과 독일과 영국에서도 유명한 목사님들이 우리와 함께 교류하고 있습니다. 이번 집회에도 외국에서 100명 가까이 되는 귀한 목사님들이 오셔서 같이 마음을 나누고 있습니다.

우리는 인간입니다. 잘못할 수도 있고, 실수할 수도 있고, 악할 수도 있습니다. 그렇다고 지옥에 가면 되겠습니까? 그래서 예수님이 우리 죄를 씻기 위해 죽으셨습니다. 세례 요한이 예수님에게 안수할 때 우리 모든 죄가 예수님에게 넘어갔습니다. 예수님이 세상 죄를 지고 십자가에 못 박혀 죽으셨고, 십자가에서 흘리신 피를 하늘나라 성전에 뿌려 영원한 속죄를 이루셨습니다.

여러분에게 묻겠습니다.

"여러분은 죄인입니까?"

"의인이라고 대답하셨는데, 죄를 안 지었습니까?"

"죄를 지었으면 죄인 아닙니까?"

"그렇습니다. 예수님이 다 사하셨습니다."

지금 하늘에서 예수님이 우리가 의롭게 되었다는 이야기를 듣고 너무 좋아하실 것입니다. 사람들이 예수님을 믿는다고 하면서 "주여, 죄인입니다. 용서해 주십시오." 한다면 예수님이 얼마나 답답하시겠습니까. 이 자리에 계신 여러분은 모두 죄가 씻어졌다는 믿음을 가져 예수님과 함께하며 무슨 일을 만나도 하나님의 은혜를 입고 도움을 받아 복되고 영광스럽게 살게 되길 바라고, 여러분의 가족도 죄 사함을 받아 함께 하늘나라에 가서 영원한 축복을 누리게 되기를 바랍니다.

05

인생의 어두운 밤을 밝히시는 하나님

제 5 장

인생의 어두운 밤을
밝히시는 하나님

열왕기하 7장 1절부터 읽겠습니다.
"엘리사가 가로되 '여호와의 말씀을 들을지어다. 여호와께서 가라사대 내일 이맘때에 사마리아 성문에서 고운 가루 한 스아에 한 세겔을 하고 보리 두 스아에 한 세겔을 하리라 하셨느니라.' 그때에 한 장관 곧 왕이 그 손에 의지하는 자가 하나님의 사람에게 대답하여 가로되 '여호와께서 하늘에 창을 내신들 어찌 이런 일이 있으리요?' 엘리사가 가로되 '네가 네 눈으로 보리라. 그러나 그것을 먹지는 못하리라' 하니라. 성문 어귀에 문둥이 네 사람이 있더니 서로 말하되 '우리가 어찌하여 여기 앉아서 죽기를 기다리랴? 우리가 성에 들어가자고 할지라도 성중은 주리니 우리가 거기서 죽을 것이요 여기 앉아 있어도 죽을지라. 그런즉 우리가 가서 아람 군대에게 항복하자. 저희가

우리를 살려두면 살려니와 우리를 죽이면 죽을 따름이라' 하고 아람 진으로 가려 하여 황혼에 일어나서 아람 진 가에 이르러 본즉 그곳에 한 사람도 없으니 이는 주께서 아람 군대로 병거 소리와 말소리와 큰 군대의 소리를 듣게 하셨으므로 아람 사람이 서로 말하기를 '이스라엘 왕이 우리를 치려 하여 헷 사람의 왕들과 애굽 왕들에게 값을 주고 저희로 우리에게 오게 하였다' 하고 황혼에 일어나서 도망하되 그 장막과 말과 나귀를 버리고 진을 그대로 두고 목숨을 위하여 도망하였음이라. 그 문둥이들이 진 가에 이르자 한 장막에 들어가서 먹고 마시고 거기서 은과 금과 의복을 가지고 가서 감추고 다시 와서 다른 장막에 들어가서 거기서도 가지고 가서 감추니라. 문둥이가 서로 말하되 '우리의 소위가 선치 못하도다. 오늘날은 아름다운 소식이 있는 날이어늘 우리가 잠잠하고 있도다. 만일 밝은 아침까지 기다리면 벌이 우리에게 미칠지니 이제 떠나 왕궁에 가서 고하자' 하고 드디어 가서 성문지기를 불러 고하여 가로되 '우리가 아람 진에 이르러 보니 거기 한 사람도 없고 사람의 소리도 없고 오직 말과 나귀만 매여 있고 장막들이 그대로 있더이다.'"(왕하 7:1~10)

하나님은 세상에 밝은 낮만 만드시지 않고 어두운 밤도 만드시고 새벽도 만드셨습니다. 하나님은 더운 여름만 만드신 것이 아니라 추운 겨울도 만드시고, 봄도 가을도 만드셨습니다. 그것처럼 우리 인생에 늘 행복한 일만 있는 것이 아니라 때로는 병이 들기도 하고 시련이나 고통이 찾아오기도 합니다. 우리가 어려움을 만날 때 하나님이 일하시는 것이 정말 놀랍습니다.

　오늘 읽은 열왕기하 7장에서 굶주린 사마리아 성 사람들을 위해 하나님이 놀랍게 일하셨습니다. 제 삶 속에서도 하나님이 놀랍게 일하셨습니다.

제 몸 어디에도 암 세포가 없다고 합니다

제가 대전에 있을 때의 일입니다. 한번은 집에 있는데 전화가 왔습니다.

　"여보세요."

　"목사님, 여기 전주인데요. 김충환 형제가 암에 걸려 전북대병원에 입원한 지 6개월이 지났습니다. 그런데 암이 심해져서 의사가 이틀밖에 더 살지 못한다고 합니다."

　마침 우리 교회 분이 전주에 가 있어서, 전북대병원에 가서 그 형제의 상태가 어떤지 보고 오라고 했습니다. 그 사람도 가서 보고는 곧 죽을 것 같다고 했습니다.

　다음날, 제가 광주에 가서 저녁 예배에 참석해 말씀을 전해야 했습니다. 아내와 아들과 함께 가기로 했는데, 떠나기 전에 제가 아내에게 말했습니다.

　"여보, 우리가 한 시간 일찍 출발해서 전북대병원에 들러 김충환 형제를 만나보고 갑시다."

　잠시 후 전북대병원에 도착해서 김 형제가 입원해 있는 병실 문을 열고 들어갔습니다. 형제는 죽었는지 살았는지 침대에 누워 인기척이 없고, 침대 뒤쪽에 서 있던 형제 아내는 내가 들어오니까 고개를 들어 쳐다보더니 다시 고개를 숙였습니다. 형제 어머니는 침대 앞쪽에서 눈물만 흘리고 있었습니다. 형제가 죽은 것이 아닌데 형제 자신이나 아내나 어머니나 죽음을 맞이할 준비를 하고 있었습니다. 슬픔이 병실에 가득 차 있었습니다.

그때 제가 '만일 이곳에 박옥수 목사가 아니라 예수님이 오셨으면 어떤 일이 일어났을까?' 생각해 보았습니다. 예수님이 오셨으면 김 형제 아내나 어머니가 예수님에게 김 형제를 살려 달라고 매달렸을 것 같고, 예수님이 그것을 못 들은 척하고 그냥 가시지 않고 형제를 살리시겠다는 마음이 들었습니다.

생각이 그렇게 흘러가다가 '내 안에도 예수님이 계시는데…'라는 생각이 들었습니다. 내 안에 계시는 예수님이 형제를 능히 고치시겠다는 마음이 들었습니다. 그래서 제가 김충환 형제에게 소리를 질렀습니다.

"어이, 김 형제! 눈 좀 떠봐! 날 좀 쳐다봐!"

"예… 목사님…"

김 형제가 겨우 대답했습니다.

"김 형제, 내 이야기 잘 들어. 의사는 자네가 이삼 일밖에 살지 못한대. 그런데 이건 형편이야. 예수님이 역사하시면 이거 아무 문제도 안 돼. 예수님이 형제에게 어떻게 역사하시는지 알아? 전기는 전선을 통해 흘러. 전선만 연결하면 전기는 어느 집에든지 가. 악한 사람 집에도 가고 착한 사람 집에도 가고, 부잣집에도 가고 가난한 사람 집에도 가고, 어느 집에든지 가서 일을 해.

전기는 전선을 통해 흐르고, 수돗물은 파이프를 통해 흐르고, 하나님의 능력은 마음을 통해 흘러. 자네 마음이 예수님의 마음과 연결

되어 하나가 되면 예수님이 자네 안에서 일을 하실 수 있어. 내 말 알겠어?"

"예… 목사님…"

"이제 자네가 어떻게 하면 예수님과 마음이 하나가 되는지 이야기해 줄게. 성경에서 예수님은 한 번도 병자를 못 본 체하시지 않았어. 소경이든 문둥병자든 중풍병자든 다 고치셨어. 예수님은 어제나 오늘이나 영원토록 동일하시기 때문에 2천 년 전에 역사하신 예수님은 지금도 똑같아. 만일 예수님이 이 자리에 오셨다면 자네가 죽어가는 걸 보고 못 본 척하시지 않아. 바쁘다며 그냥 가시지 않아. 반드시 자네를 고치실 거야.

예수님은 자네를 고치길 원하셔. 자네도 그렇게 믿으면 돼. '아, 예수님이 나를 고치길 원하시는구나. 그러면 예수님이 나를 고치시겠다. 2천 년 전에 계신 예수님이 오늘 이 자리에도 계시고, 의사는 내가 죽는다고 했지만 죽은 나사로도 살리신 예수님이 나를 살리시겠다.' 이렇게 믿는 거야. 그러면 자네 마음이 예수님의 마음과 하나가 돼. 예수님과 한마음이 되면 암 그거 아무 문제가 안 돼. 내 말 알겠어?"

"예… 목사님…"

"바로 그렇게 믿는 거야."

제가 형제 머리에 손을 얹고 기도한 뒤 병실에서 나와 광주로 갔습니다.

일주일쯤 지난 어느 날 아침에 전화가 왔습니다.

"목사님, 저 김충환 형제입니다."

"아, 김 형제! 잘 있었어?"

"예, 목사님. 저 잘 있습니다."

병실에서 만났을 때에는 다 죽어가고 있었는데 목소리에 힘이 있었습니다.

"그래, 자네 지금 어때?"

"예, 어제 병원에서 검사했는데 제 몸 어디에도 암 세포가 없다고 합니다. 목사님, 저 오늘 퇴원합니다. 너무 감사해서 목사님께 전화를 드렸습니다."

형제가 함께 공도 차고 건강해졌습니다. 한번은 우리 교회에 와서 주일 오전 예배 때 죽음 앞에서 어떻게 나았는지 자세히 간증했습니다. 의사는 이삼 일밖에 살지 못한다고 했는데, 아무 것도 한 것이 없고 '예수님이 나를 고치길 원하시는구나.' 그것을 믿은 것밖에 없다고 했습니다.

복음을 전하도록 저에게 집을 주십시오

저는 열아홉 살 때부터 성경을 읽기 시작했습니다. 하루에 성경을 10시간씩 읽으면 신구약 성경을 일주일에 한 번씩 읽을 수 있었습니다. 성경 속에 들어가서 예수님의 마음을 보니, 예수님이 나를 깊이 사랑하셨습니다. '아, 예수님이 간음하다 잡힌 여자를 사랑하셨구나. 눈 먼 소경을 사랑하셨구나. 예수님이 나도 그렇게 사랑하시는구나.' 성경에서 내 죄가 어떻게 씻어졌는지 분명히 알게 된 후 제가 변하기 시작했습니다. 제 삶 속에 예수님이 살아 일하셨습니다.

제가 1968년에 군에서 제대했습니다. 군대에 가기 전에 전도사로 지냈던 거창 장팔리에 있는 조그마한 교회에는 후임자가 일하고 있어서 저는 김천에 가서 복음을 전하고 싶었습니다. 그때 저에게 돈이 3천원쯤 있었습니다. 오랫동안 군대에서 지내 경제 감각이 둔해져 방을 얻는 데 돈이 얼마나 필요한지 몰라서 그 돈을 들고 김천에 방을 얻으러 갔습니다. 가서 보니 방 한 칸에 전세 7만 원을 달라고 했습니다. 방을 얻으려는 생각은 접고 혼자 김천 시내를 걸어다니면서 하나님께 이야기했습니다.

"하나님, 저기는 문방구가 있네요. 저기는 다방이 있네요. 저기는 서점이 있네요. 하나님, 세상 신도 자기 사람들에게 저렇게 집을 주는데 제가 김천에서 복음을 전하도록 저에게 집을 주십시오."

그때 저는 경남 합천군 봉산면 압곡동에 머물고 있었습니다. 듣기만 해도 촌스러울 만큼 깊은 산골 동네였습니다. 그곳에서 지내면서 시간이 나면 김천에 가서 둘러보며 하나님께 집을 달라고 기도했습니다.

하루는 그날도 김천 시내를 둘러보고 거창으로 가는 버스를 탔는데 제 옆자리에 외국인이 앉았습니다. 그분 한국어 실력과 제 영어 실력이 비슷해서 영어와 한국어를 섞어 이야기를 했습니다.

"당신은 어느 나라에서 왔습니까?"

"영국에서 왔습니다."

"이름은 뭡니까?"

"존 앤더슨입니다."

"무슨 일을 하십니까?"

"선교사입니다."

"아, 그렇군요. 지금 어디 가십니까?"

"여행을 가고 있습니다."

"전도 여행을 갑니까?"

"아니, 그냥 여행하고 있습니다."

그 이야기를 듣고 제가 화가 났습니다. '무슨 선교사가 전도는 하지 않고 여행을 다녀?' 그래서 제가 목소리를 높였습니다.

"당신, 썩었습니다! 무슨 선교사가 복음은 전하지 않고 여행을 다닙니까?"

영국 사람은 신사입니다. 한국 사람 같으면 "남이야 여행을 다니든 말든 당신이 무슨 상관이야?" 할 텐데, 가만히 듣고 있었습니다. 저 혼자 떠들다 지쳐서 입을 다물고 있다가 버스가 거창에 도착해 버스에서 내렸습니다. 거창에서 압곡동으로 가는 버스표를 사려고 줄을 서 있는데 앤더슨 선교사님이 저에게 다가왔습니다. 그분은 저보다 나이가 스물 서너 살 많았습니다.

"미스터 박."

"예."

"내가 당신 집에 가서 하룻밤 잘 수 있습니까?"

"방이 좋진 않지만 문제는 안 됩니다."

선교사님이 저와 함께 압곡동으로 갔습니다. 그때 우리가 사는 곳에는 수돗물은 물론 우물도 없어서 냇물을 먹고 살았습니다. 제가 생각이 모자라서 선교사님에게도 냇물을 드렸습니다. 저는 냇물을 먹어도 아무렇지 않았지만 선교사님은 배탈이 나서 밤새 화장실에 왔다

갔다 했습니다. 정말 죄송했습니다. 그때부터는 물을 끓여서 드렸지만, 선교사님이 4일을 누워 끙끙 앓다가 일어났습니다.

"오늘 가겠습니다."

"정말 미안합니다. 안녕히 가십시오."

"미스터 박, 내가 당신한테 할 이야기가 있습니다."

"뭡니까?"

"내가 지금까지 많은 목사와 선교사를 만나보았지만 당신같이 사는 사람은 처음 보았습니다. 내가 부탁이 있는데, 당신하고 1년만 같이 살고 싶습니다."

"왜 저하고 살려고 하십니까?"

"당신 삶을 배우고 싶습니다."

"예? 제 삶에서 배울 게 뭐가 있다고요?"

"꼭 같이 살고 싶습니다."

제가 선교사님에게 물었습니다.

"당신은 영국에서 선교비가 옵니까?"

"옵니다."

"나는 도와주는 사람이 아무도 없습니다. 그렇지만 한 번도 사람에게 손을 벌린 적이 없습니다. 하나님만 의지하고 삽니다. 그래서 나는 자주 굶습니다. 내가 당신하고 같이 살면, 나는 먹을 것이 없는데 당신 집에 빵이 많으면 내가 자꾸 그 빵을 쳐다볼 것 같고 당신이 나한테 빵을 줄 것 같습니다. 나는 하나님만 의지하고 살아왔기 때문에 그렇게 사는 것이 싫습니다."

"그러면 어떻게 하면 되겠습니까?"

"내가 굶어 죽어도 당신이 나에게 아무 것도 주지 않고, 나도 당신이 굶어 죽어도 아무 것도 주지 않기로 한다면 같이 살 수 있습니다."

"얼마든지 그렇게 할 수 있습니다."

"그러면 우리가 김천에 가서 복음을 전하려고 하니 김천에 집을 구해서 오십시오."

선교사님이 그렇게 하겠다고 하면서 기쁜 마음으로 압곡동을 떠났습니다.

그때가 여름이라 집에 있으면 더워서 자주 산꼭대기에 올라가 시간을 보냈습니다. 산꼭대기에는 아무도 오지 않기 때문에 바지 하나만 입고 앉아서 성경을 읽었습니다. 종종 사슴이 지나가다가 저를 가만히 쳐다보고는 갔습니다. 압곡동 마을 앞에는 도로가 있고, 그 도로로 가끔 차들이 지나갔습니다. 마을 사람들은 버스를 거의 타지 않기 때문에 버스가 서는 일도 거의 없었습니다. 그런데 어느 날 마을 입구에 버스가 섰습니다. 산꼭대기에서는 다 보이기 때문에 누가 마을에 오는지 궁금해 내려다보았습니다. 버스에서 한 사람이 내리는데 키가 큰 앤더슨 선교사님이었습니다.

선교사님은 마을로 올라오고 저는 산에서 내려가고, 둘이 만났습니다.

"미스터 박, 감사한 일이 있습니다."

"무슨 일인데요?"

"내가 김천에 집을 얻기 위해 기도했는데 하나님이 집 얻을 돈을 주셨습니다."

선교사님이 35만 원을 내놓았습니다.

"이 돈 가지고 김천에 집을 얻어서 우리가 같이 살면 안 되겠습니까?"

선교사님이 하는 이야기를 듣고, 저도 집을 달라고 오랫동안 기도했기 때문에 처음에는 조금 섭섭했습니다. '하나님, 영국 사람이 기도하면 저렇게 잘 들어주시고, 한국 사람이 기도하면 안 들어주십니까?' 그러다 다시 '지금 하나님이 집을 주시잖아.'라는 마음이 들었습니다. 선교사님이 가져온 돈으로 김천에서 좋은 집을 얻어 함께 지냈습니다.

어려울 때마다 하나님께만 구했다

세월이 흘러 제가 결혼했고, 아내가 딸을 임신해서 배가 불룩한데 먹을 것이 다 떨어졌습니다. 저는 필요한 것을 사람에게 한 번도 이야기한 적이 없기 때문에 그때도 하나님께만 구했습니다. 하루는 아내와 함께 김천에 있는 어느 고아원에 찾아갔습니다.

"원장님, 말씀드릴 게 있어서 왔습니다."

"무슨 일입니까?"

"아이들이 나이가 들면 고아원에서 나가야 하지 않습니까? 이곳에서 보호를 받다가 나가 험한 세상에서 사는 게 얼마나 어렵겠습니까? 아이들이 성경 말씀을 믿는 믿음으로 살도록 성경을 가르쳐 주고 싶습니다. 제가 아무 것도 요구하지 않을 테니 일주일 동안 아이들에게 말씀을 가르치도록 허락해 주십시오."

원장님이 저를 한참 쳐다보더니 그렇게 하라고 했습니다. 배가 불룩한 제 아내는 아이들에게 "주는 나를 사랑해" 하고 찬송을 가르치고, 저는 성경 말씀을 전했습니다. 어떻게 예수님을 믿고 죄를 사함받는지 이야기했습니다. 원장님이 뒤에서 우리가 아이들을 가르치는 것을 지켜보았습니다.

점심때가 되자 밥을 아주 잘 차려 주었습니다. 며칠 굶었기에 정말 맛있게 먹었습니다. 오후에도 아이들에게 찬송을 가르치고 성경 이야기를 했습니다. 저녁도 아주 잘 차려주어서 맛있게 먹고 다시 아이들을 가르쳤습니다. 늦은 밤이 되어 아내와 함께 2km가 조금 안 되는 거리를 걸어 집으로 돌아왔습니다. 한참 걷다 보면 옆에 아내가 없었습니다. 제 아내는 키는 큰데 잘 걷질 못해 돌아보면 저 뒤에서 따라오고 있었습니다. 제가 기다렸다가 다시 같이 집으로 갔습니다. 집에 와서 우리는 정말 행복했습니다. 잠을 자고 이튿날 아침을 굶고 다시 고아원에 가서 고아들을 가르쳤습니다. 아이들이 정 없이 지내다가 제 아내가 따뜻하게 대해주니까 제 아내를 끌어안고 정말 행복해했습니다.

저는 사람에게 도움을 구한 적이 한 번도 없습니다. 아내가 둘째인 아들을 낳을 때에는 돈이 한푼도 없어서 병원에 가지 못하고 굉장히 어려웠습니다. 교회에 전화하면 성도들이 금방 도와주겠지만 전화하지 않았습니다. 아내가 점심과 저녁을 굶고 배가 아프다고 하는데, 그때가 제 인생에서 제일 어려웠던 것 같습니다. 진통 주기가 있다는 것을 그때 처음 알았습니다. 밤이 깊어 아내가 진통하는 주기가 점점 빨라져 '이러다 아이가 나오면 어떡하지?' 하며 어떻게 해야 할지 몰랐습니다. 가슴을 졸이면서 밤을 새우고 날이 밝아와 그래도 마음이 조금 놓였습니다.

아침 일곱 시쯤 되었을까, 며칠 전부터 우리 교회에 나오던 젊은 부인이 제 아내에게 할 이야기가 있다고 찾아왔다가 아내가 진통하고 있는 것을 보고는 이렇게 말했습니다.

"사모님, 저 부산 일신병원 산부인과에서 근무했습니다. 저, 조산원 자격증이 있습니다. 조금만 기다리세요."

그렇게 말하고는 100미터 선수처럼 뛰어가더니 큰 가방을 하나 들고 다시 왔습니다. 그리고 얼마 안 되어 아들이 태어났습니다. 자매가 부엌에 가서 보니 아무 것도 없으니까 또 뛰어가더니 쌀, 소고기, 미역 등을 사와서 아침을 지어 10시쯤 우리가 아침을 먹었습니다. 그 후 제가 아들을 보고 '저놈은 태어날 때 지 애비 밥상을 차려 주었다'고 말하곤 했습니다. 하나님을 생각하면 자주 눈물이 납니다. '나 같은 인간이 뭔데 나를 사랑하십니까!'

오늘 제가 쓴 책의 출판기념회를 가졌습니다. 제가 지금까지 80여 권의 책을 썼고, 그 가운데에는 베스트셀러도 있습니다. 제 책이 팔려서 저자인 제가 받는 돈이 1년에 1억 원이 넘기 때문에 이제는 사는 것이 전혀 어렵지 않습니다.

하나님은 낮도 만드시고 밤도 만드셨습니다. 하나님께서 내 인생을 이끌어 가시는데 밝은 날도 있고 칠흑같이 어두운 날도 있었습니다. 어두울 때마다 하나님을 바라보고 의지했고, 하나님이 모든 것을 아름답게 이끌어 주셨습니다.

아빠, 행복하세요? 전 너무 행복해요

오래 전 제가 미국 LA에 갔을 때의 일입니다. 우리 선교회 목사님의 처형이 그곳에 사는데 저를 찾아왔습니다.

"목사님, 제 아들을 좀 도와주세요."

이혼하고 아들과 둘이 사는 이 부인은 회계사 시험에 합격해서 LA에 있는 큰 식당의 세금을 계산해 주어 수입이 상당히 좋았습니다. 이 부인은 아이에게 바지를 사 입혀도 백화점에서 제일 비싼 것을 사고, 과일도 제일 좋은 것을 사서 아들에게 먹였습니다. 그런데 아들이 자라면서 마약을 하기 시작했습니다. 미국에서는 학교에서도 마약을 쉽게 접할 수 있습니다. 이 부인이 아들이 마약을 한다는 사실을 알고 마음이 정말 힘들었는데, 어느 날 아들 주머니에서 권총을 보고 충격을 받았습니다.

하루는 아들을 불러 진지하게 이야기했습니다.

"너는 나의 전부야. 엄마가 여러 번 죽고 싶었지만 너 때문에 죽지 못했어. 너, 이렇게 살지 않으면 안 돼?"

아들이 말했습니다.

"엄마, 그렇게 말하지 마. 나도 살고 싶어서 사는 거 아니야. 하루에 열 번도 더 죽고 싶어. 그런데 마음대로 안 돼. 왜 엄마까지 이래? 나 진짜 죽어버릴까?"

엄마가 할 말이 없었습니다. 마음은 아픈데 할 수 있는 일이 없었습니다. 그렇게 지내다 제가 LA에 왔다는 소식을 듣고 이 부인이 저를 찾아와서 도와 달라고 부탁했습니다. 하지만 한국에서 지내는 제가 미국에 있는 아이를 어떻게 도와주겠습니까? 사정은 딱하지만 어렵겠다고 했습니다. 그런데 저를 세 번을 찾아와서 애원해 제가 물었습니다.

"그러면 내가 아들을 한국에 데려가도 됩니까?"

"예, 됩니다."

아들을 데리고 와서 우리 집에서 6개월을 같이 지냈습니다. 그 아이는 여기저기 찢어진 바지를 궁둥이 중간쯤에 걸치게 입고 다녔습니다. 제가 그런 옷을 입고 다니지 말라고 하지 않았습니다. 아이에게 예수님 이야기를 했습니다. 예수님이 간음한 여자에게 "너, 왜 간음했어? 간음하지 마." 그렇게 하시지 않았습니다. 여자를 죄와 죽음에서 건져 그 마음에 감사를 가득 품게 하셨습니다. 저도 아이에게 성경을 펴서 마음의 세계에 대해 이야기했고, 3개월째 되던 어느 날 이 아이가 예수님을 믿고 죄 사함을 받았습니다.

그 후 아이의 삶이 완전히 달라졌습니다. 전혀 다른 사람이 되었습니다. 얼마 후, 한국에 살고 있는 아버지가 우리 집에 찾아왔습니다. 아들이 아버지에게 물었습니다.

"아빠, 행복하세요? 전 너무 행복해요. 아빠도 저처럼 예수님을 믿으세요."

아버지가 눈물을 흘렸습니다.

"목사님, 우리 아들이 변했습니다."

은행에 가서 돈을 찾아와 저에게 봉투를 건넸습니다.

"목사님, 저는 이런 것밖에 못 합니다. 받아 주십시오."

그 아이가 한국에서 6개월을 지내고 미국으로 돌아가 친구들을 만났습니다.

"야, 정말 오랜만이다. 한국에서 잘 지냈어?"

"그래, 정말 잘 지냈어."

"우리 마약 하러 가자."

"난 생각 없어."

"자식, 네가 마약 생각이 없다고? 며칠 가나 보자."

그 뒤로 이 학생은 마약에 손을 대지 않았습니다. 죄 사함을 받아 그의 마음에 예수님이 계셔서 마약 생각이 없어진 것입니다.

그 학생의 변화를 보고 그 다음 해 여름방학 때 미국에서 청소년 28명이 한국에 와서 한 달 동안 우리 교회에서 지냈습니다. 2년 후에는 58명이 왔습니다. 그들이 미국으로 돌아간 뒤 많은 부모님이 저에게 전화를 했습니다.

"목사님, 우리 아들이 변했습니다. 달라졌어요."

2001년에는 전 세계에서 500여 명의 젊은이들이 한국을 찾아와 청소년 캠프를 가졌습니다. 그 과정에서 우리가 IYF(International Youth Fellowship)를 설립해 청소년들을 위한 일을 본격적으로 시작했습니다.

우리 마음에 예수님이 들어오시면, 어떻게 살았던 사람이든지 변하지 않는 사람이 없습니다. 마약 중독자나 게임 중독자나 알코올 중독자나 예수님의 피로 죄 사함을 받고 그 마음에 예수님이 자리를 잡으면 그가 변할 수밖에 없습니다. 하나님은 밤을 만드시고 낮을 만드셨습니다. 성경 창세기 1장에서 "저녁이 되며 아침이 되니"라고 했습니다. 우리 인생에도 밝은 낮도 있고 어두운 밤도 있습니다. 우리가 어두운 일을 만날 때 하나님과 마음을 같이하는 것입니다. 그러면 하나님의 사람이 됩니다.

십계명을 법궤에 넣고 그것을 덮은 뚜껑, 속죄소에서
제가 지난 봄에 이스라엘에 갔을 때 수석 랍비와 만나 성경 이야기를 했습니다. 유대인은 예수님도 인정하지 않고 신약 성경도 인정하지 않습니다. 그래서 구약 성경을 가지고 이야기했습니다. 제가 말했습니다.

"유대인들이 율법을 지킨다고 하지만 지킬 수 있는 사람은 아무도 없습니다."

성경에서 이스라엘 백성들이 왜 포로로 잡혀갔습니까? 하나님이 율법을 주면서 말씀하시기를, '이것을 잘 지키면 모든 것이 복을 받고 못 지키면 저주를 받는다'고 하셨습니다. 출애굽기 19장에 보면, 이스라엘 백성들이 하나님이 주시는 법을 다 지키겠다고 했습니다. 그들이 하나님과 약속하고 율법을 어겼기 때문에 하나님이 약속하신 대로 저주를 내리셨습니다. 나라가 망하고 사람들이 포로가 되어 바벨론으로 잡혀갔습니다.

수석 랍비가 율법을 지켜야 한다고 말씀하기에 제가 물었습니다.
"십계명이 새겨진 돌판을 어디에 두었는지 아십니까?"
"법궤 안에 두었지요."
"십계명을 법궤 안에 넣을 때 어떻게 넣었는지 아십니까?"
이런 것을 아는 사람은 없습니다. 랍비가 모른다고 했습니다.
"하나님이 법궤 뚜껑을 닫고 넣으라고 하셨습니다."

랍비가 어떻게 뚜껑을 닫고 넣느냐고 반문했습니다. 제가 성경에 그렇게 되어 있다고 하며 영어 성경 '킹제임스 버전'을 보여주려고 하자, 자신은 히브리어 성경 외에는 보지 않는다며 직접 히브리어 성경을 찾아서 그 구절을 보았습니다. 그런데 거기에도 그렇게 되어 있었습니다. 제가 하나님이 왜 그렇게 말씀하셨는지 설명하자 랍비가 듣고 깜짝 놀랐습니다.

저도 성경에서 그 대목을 읽을 때 처음에는 왜 뚜껑을 닫고 넣으라고 하시는지 이해를 못 했습니다. 성경에서 그 부분을 읽고 이야기하겠습니다. 출애굽기 25장 21절입니다.

"속죄소를 궤 위에 얹고 내가 네게 줄 증거판을 궤 속에 넣으라."
(출 25:21)

여기 '속죄소'가 나오는데, 이 속죄소가 법궤의 뚜껑입니다. 하나님이 그 뚜껑을 궤 위에 얹은 뒤에 십계명이 새겨진 돌판을 궤 속에 넣으라고 하셨습니다. 보통은 뚜껑을 열고 돌판을 넣은 뒤 뚜껑을 닫는데 먼저 뚜껑을 닫고 돌판을 넣으라고 하셨습니다. 덮여 있는 뚜껑을 살짝 들고 얼른 돌판을 넣으라는 것입니다.

법궤 뚜껑인 속죄소가 영어 성경에는 '머시 시트 Mercy Seat, 은혜의 자리'라고 되어 있습니다. 법이 있으면 죄가 만들어지고, 죄가 있으면 벌이 뒤따릅니다. 인간을 법으로 재판하면 법을 어긴 만큼 벌을 받아야 합니다. 인간에게 은혜를 베풀려면 법이 보이지 않게 법을 덮어야 합니다. 하나님이 십계명을 법궤 안에 넣고 그것을 덮은 뚜껑인 속죄소에서 우리에게 은혜를 베푸시는 것입니다. 하나님이 법궤 뚜껑을 닫아놓고 십계명을 넣으라고 하신 것은, 잠시라도 열어 놓지 말라는 것입니다.

    하나님이 제일 싫어하시는 것이 인간이 율법을 지키겠다고 하는 것입니다. 이스라엘 백성들이 지키지도 못할 율법을 지키겠다고 하여 저주를 받았습니다. 오늘도 성경을 잘 모르는 목사님들은 십계명을 지키라고 합니다. 그러나 하나님은 십계명을 쳐다보지 말라고 궤에 넣고 뚜껑을 덮으라고 하셨습니다. 십계명을 지킬 수 있는 사람이 한 사람도 없기 때문입니다. 법이 열려 있으면, 법을 어기면 저주를 받아야 합니다.

    엘리 제사장 시대에 이스라엘이 아주 어두웠습니다. 엘리는 나쁜 사람이었습니다. 자신의 두 아들 홉니와 비느하스만 제사장으로 세우고 다른 제사장을 세우지 않았습니다. 두 아들은 회막 문에서 수종드는 여인과 동침하고 여호와의 제사를 멸시한 악한 사람들이었습니다. 그때 이스라엘과 블레셋 사이에 전쟁이 일어나 이스라엘이 패하자 사람들이 법궤를 전쟁터에 들고 갔습니다. 하지만 역시 패해 법궤를 빼앗기고 말았습니다. 홉니와 비느하스도 죽고, 엘리도 법궤를 빼앗겼다는 소식을 듣고 의자에 앉아 있다가 자빠져 목이 부러져 죽었습니다.

    엘리가 자기 아들 외에는 레위인들 가운데 제사장을 세우지 않았기 때문에, 그들이 죽은 뒤 나중에 법궤가 블레셋에서 이스라엘로 돌아왔을 때 맞을 사람이 없었습니다. 벧세메스 사람들이 '여기 뭐가 들었지?' 하고 법궤 뚜껑을 열어 오만 칠십 명이 죽었습니다. 율법 앞에 서면 누구나 저주를 받을 수밖에 없습니다. 우리는 다 더러운 인간이어서 율법을 못 지킵니다. 인류 역사상 율법을 하나도 어기지 않고 다 지킨 사람은 한 사람도 없었습니다. 인간은 하나님의 법을 지키지 못합니다. 사람이 율법을 다 지킨다는 것은 강아지가 사람 노릇을 하는 것과 같습니다.

하나님은 우리가 십계명 지키는 것을 원하시지 않습니다. 우리가 죄를 지어도 긍휼을 베풀길 원하십니다. 법을 따라 처결하면 천국에 갈 사람이 하나도 없기 때문입니다. 그래서 법궤에 십계명을 넣은 뒤 뚜껑을 덮고 그곳을 'Mercy Seat, 은혜의 자리'라고 하셨습니다. 법을 덮어 놓아야 은혜를 베풀 수 있습니다.

날이 이르리니, 내가 새 언약을 세우리라
조금 더 이야기해 보겠습니다. 예레미야 31장을 찾아 31절을 잘 보십시오.

"나 여호와가 말하노라. 보라 날이 이르리니 내가 이스라엘 집과 유다 집에 새 언약을 세우리라."(렘 31:31)

이스라엘 백성들이 율법을 다 지키겠다고 약속했기 때문에 율법을 어긴 그들에게 하나님이 벌을 내리셔야 했습니다. 그들이 바벨론에 포로로 잡혀갔습니다. 그 상황에서 하나님이 예레미야를 통해 새 언약을 세우겠다고 말씀하셨습니다.

첫 언약은 '율법을 지키면 복을 받고 어기면 저주를 받는다'는 약속이었습니다. 이스라엘 백성들이 지키겠다고 했지만 한 사람도 지키지 못해서, 바벨론이 이스라엘을 점령해 예루살렘 성은 훼파되고 성문들은 불탔으며 사람들은 포로로 잡혀갔습니다. 시드기야 왕은 항복하지 않고 버티다가 사로잡혀서, 바벨론 왕이 시드기야가 보는 앞에서 그의 아들들을 죽인 뒤 시드기야의 두 눈을 뽑아버렸습니다. 시드기야가 마지막으로 본 것이 자기 아들들이 죽는 광경이었습니다. 그들이 율법을 어겨 비참한 일을 겪어야 했습니다. 그 상황에서 하나님이 말씀하셨습니다.

"나 여호와가 말하노라. 보라 날이 이르리니 내가 이스라엘 집과 유다 집에 새 언약을 세우리라."(렘 31:31)

율법으로는 복을 받을 수 없기 때문에 하나님이 새 언약을 세우겠다고 하셨습니다.

"나 여호와가 말하노라. 이 언약은 내가 그들의 열조의 손을 잡고 애굽 땅에서 인도하여 내던 날에 세운 것과 같지 아니할 것은 내가 그들의 남편이 되었어도 그들이 내 언약을 파하였음이니라."(렘 31:32)

여기 '그들의 열조의 손을 잡고 애굽 땅에서 인도하여 내던 날에 세운 것'이 율법입니다. 모세가 이스라엘 백성과 함께 애굽에서 나와 시내산에서 십계명을 받았습니다. 그런데 모세가 십계명을 받아 시내산에서 내려올 때 이스라엘 백성들이 금송아지를 만들어 그것을 신이라고 섬기고 있다가 3천 명이 죽임을 당했습니다. 그들이 율법을 지키겠다고 약속했지만 그 언약을 어겼습니다.

"나 여호와가 말하노라. 그러나 그날 후에 내가 이스라엘 집에 세울 언약은 이러하니 곧 내가 나의 법을 그들의 속에 두며 그 마음에 기록하여 나는 그들의 하나님이 되고 그들은 내 백성이 될 것이라." (렘 31:33)

하나님이 새 언약은 돌판에 새기는 것이 아니라 우리 마음에 기록하겠다고 하셨습니다.

"그들이 다시는 각기 이웃과 형제를 가리켜 이르기를 '너는 여호와를 알라' 하지 아니하리니 이는 작은 자로부터 큰 자까지 다 나를 앎이니라. 내가 그들의 죄악을 사하고 다시는 그 죄를 기억지 아니하리라. 여호와의 말이니라."(렘 31:34)

하나님이 "내가 그들의 죄악을 사하고 다시는 그 죄를 기억지 아니하리라." 하셨습니다. 이것이 새 언약입니다.

지금도 율법을 지키겠다며 거드름을 피우는 사람들이 많지만 다 거짓말입니다. 율법을 온전히 지키는 사람은 단 한 사람도 없습니다. 하나님이 율법 아래서 저주를 받아야 하는 우리를 살리시기 위해 새 언약을 세우셨습니다.

"내가 그들의 죄악을 사하고 다시는 그 죄를 기억지 아니하리라."

우리가 무엇을 하는 것이 아니라 하나님이 우리 죄악을 사하겠다고 하셨습니다. 하나님이 이 약속대로 예수님을 세상에 보내 우리 죄를 씻으셨습니다.

요한복음 8장에 보면, 서기관들과 바리새인들이 간음하다 잡힌 여자를 끌고 예수님 앞에 와서 말했습니다.

"선생이여, 이 여자가 간음하다가 현장에서 잡혔나이다. 모세는 율법에 이러한 여자를 돌로 치라 명하였거니와 선생은 어떻게 말하겠나이까?"

예수님이 그들의 이야기를 듣고 손가락으로 땅에 글씨를 쓰셨습니다. 왜 쓰셨습니까? 하나님이 날이 이르면 새 언약을 세우겠다고 하셨습니다. 새 언약을 쓰신 것입니다. 하나님이 손가락으로 글씨를 쓰신 것이 성경에 두 번 나옵니다. 첫 번째는 십계명을 주실 때 하나님이 돌판에 손가락으로 쓰셨다고 했습니다. 두 번째는 예수님이 손가락으로 땅에 글씨를 쓰셨습니다.

    율법으로 재판하면 여자는 돌에 맞아 죽어야 했습니다. 예수님이 새 언약을 기록해서 법을 바꾸신 것입니다. "내가 그들의 죄악을 사하고 다시는 그 죄를 기억지 아니하리라." 그리고 여자에게 이렇게 말씀하셨습니다. "나도 너를 정죄하지 아니하노니 가서 다시는 죄를 범치 말라."

우리에게는 율법이 아니라 은혜의 새 언약이 있다

미국에서 사는 제 손녀가 트럼프 대통령상을 받았습니다. 평균 94점을 받았다고 합니다. 점수가 더 높은 아이들도 있지만 여러 면에서 좋은 평가를 받아 상을 받았습니다. 평균 94점이면 100개 가운데 6개를 틀렸다는 이야기입니다. 대한민국에 수많은 법이 있는데 그 중에서 여섯 개를 어기면 어떻게 됩니까? 감옥에 갑니다. 공부는 백 개 가운데 여섯 개를 틀리면 잘했지만, 법은 하나라도 어기면 벌을 받아야 합니다.

    인간이 하나님이 주신 법을 온전히 지킬 수 없습니다. 하나라도 어기면 벌을 받아야 하기 때문에 율법 아래 있으면 모든 사람이 저주를 받을 수밖에 없습니다. 하나님이 우리에게 복을 주시려고 새 언약을 세우셨습니다. 예수님을 세상에 보내 우리가 지은 죄를 우리 대신 짊어지고 십자가에 못 박혀 피를 흘리고 죽게 하셨습니다. 그렇게 해서 우리 죄를 씻게 하셨습니다.

십계명을 넣은 법궤의 뚜껑인 속죄소를 영어로는 은혜의 자리라고 합니다. 뚜껑을 열어 법이 살아 역사하면 은혜를 베풀 수 없기 때문에 하나님이 뚜껑을 덮어 놓으라고 하셨습니다. 십계명을 덮은 자리에서 은혜를 베푸셨습니다. 우리가 지은 죄를 우리가 해결해야 하는 것이 아니라 하나님이 해결해 주십니다.

"내가 그들의 죄악을 사하고 다시는 그 죄를 기억지 아니하리라."

하나님이 우리 죄를 사하시지 못하면 거짓말쟁이가 됩니다. 하나님은 거짓말하시지 않습니다. 예수님을 보내 우리 죄를 다 사하셨습니다.

안타깝게도 오늘날도 많은 사람들이 율법 아래 있으려고 합니다. 자신이 무엇을 잘하면 신이 나서 "하나님!" 하고 떳떳하게 나가다가, 잘못하면 "하나님, 죄를 지었습니다…" 하고 풀이 푹 죽습니다. 하나님은 우리에게 새 언약을 주셨습니다. 우리와 율법으로 만나는 것이 아닙니다. 우리가 죄를 짓지 않고 율법을 다 지켜서 하늘나라에 가는 것이 아닙니다. 율법을 지켜서 하나님의 축복을 받는 것이 아닙니다.

로마서 3장에서 율법의 행위로 의롭게 될 수 있는 사람이 없다고 했습니다.

"그러므로 율법의 행위로 그의 앞에 의롭다 하심을 얻을 육체가 없나니 율법으로는 죄를 깨달음이니라."(롬 3:20)

슬프게도 아직도 많은 사람들이 율법을 지키려고 합니다. 안식일을 지키려고 합니다. 여러분이 율법을 지켜서 의롭게 되려고 해야 하는 것이 아니라, 하나님이 세우신 새 언약을 믿어야 합니다. 하나님이 우리 죄를 사하셨습니다. 예수님이 십자가에서 흘리신 피로 우리 죄가 다 씻어져서 우리가 의롭게 되었습니다.

사람들이 성경을 자세히 읽지 않습니다. 사실은 성경만큼 재미있는 책이 없습니다. 백 번을 읽어도 질리지 않고 새롭고 재미있습니다. 성경에서 하나님의 말씀을 하나하나 깨달을 때마다 정말 기쁘고 감격스럽습니다.

예수님이 손가락으로 땅에 글씨를 써서 새 언약을 세우셨습니다. 우리에게는 율법이 아니라 은혜의 새 언약이 있습니다. 율법으로 재판하면 돌에 맞아 죽어야 하는 간음하다 잡힌 여자가 새 언약으로 재판하니까 죄가 없었습니다. 여자가 살아서 돌아갔습니다. 우리가 그 여자와 같습니다. 하나님이 우리 죄를 사하셨고, 기억하시지도 않습니다.

"내가 그들의 죄악을 사하고 다시는 그 죄를 기억지 아니하리라."

전 세계에 이 복음을 전해서 세상 모든 사람이 십자가의 피로 죄 사함을 받고 의롭게 되길 바랍니다. 그것이 예수님을 참되게 믿는 것입니다.

06

말씀을 믿어 하나님과 한마음이 되면

제 6 장

말씀을 믿어 하나님과 한마음이 되면

열왕기하 7장 1절부터 읽겠습니다.

"엘리사가 가로되 '여호와의 말씀을 들을지어다. 여호와께서 가라사대 내일 이맘때에 사마리아 성문에서 고운 가루 한 스아에 한 세겔을 하고 보리 두 스아에 한 세겔을 하리라 하셨느니라.' 그때에 한 장관 곧 왕이 그 손에 의지하는 자가 하나님의 사람에게 대답하여 가로되 '여호와께서 하늘에 창을 내신들 어찌 이런 일이 있으리요?' 엘리사가 가로되 '네가 네 눈으로 보리라. 그러나 그것을 먹지는 못하리라' 하니라. 성문 어귀에 문둥이 네 사람이 있더니 서로 말하되 '우리가 어찌하여 여기 앉아서 죽기를 기다리랴? 우리가 성에 들어가자고 할지라도 성중은 주리니 우리가 거기서 죽을 것이요 여기 앉아 있어도 죽을지라. 그런즉 우리가 가서 아람 군대에게 항복하자. 저희가

우리를 살려두면 살려니와 우리를 죽이면 죽을 따름이라' 하고 아람 진으로 가려 하여 황혼에 일어나서 아람 진 가에 이르러 본즉 그곳에 한 사람도 없으니 이는 주께서 아람 군대로 병거 소리와 말소리와 큰 군대의 소리를 듣게 하셨으므로 아람 사람이 서로 말하기를 '이스라엘 왕이 우리를 치려 하여 헷 사람의 왕들과 애굽 왕들에게 값을 주고 저희로 우리에게 오게 하였다' 하고 황혼에 일어나서 도망하되 그 장막과 말과 나귀를 버리고 진을 그대로 두고 목숨을 위하여 도망하였음이라. 그 문둥이들이 진 가에 이르자 한 장막에 들어가서 먹고 마시고 거기서 은과 금과 의복을 가지고 가서 감추고 다시 와서 다른 장막에 들어가서 거기서도 가지고 가서 감추니라. 문둥이가 서로 말하되 '우리의 소위가 선치 못하도다. 오늘날은 아름다운 소식이 있는 날이어늘 우리가 잠잠하고 있도다. 만일 밝은 아침까지 기다리면 벌이 우리에게 미칠지니 이제 떠나 왕궁에 가서 고하자' 하고 드디어 가서 성 문지기를 불러 고하여 가로되 '우리가 아람 진에 이르러 보니 거기 한 사람도 없고 사람의 소리도 없고 오직 말과 나귀만 매여 있고 장막들이 그대로 있더이다.'"(왕하 7:1~10)

사람들이 신앙생활이 어렵다고 생각합니다. 그런데 신앙생활만 아니라 뭐든지 그렇습니다. 자동차 운전도 모를 때에는 시동을 걸어도 무엇을 어떻게 해야 할지 모릅니다. 운전할 줄 아는 사람은, 기어를 넣고 가속 페달을 밟아 차가 앞으로 가게 하거나 브레이크를 밟아 차를 세우는 것이 아주 쉽습니다. 신앙생활도 성경이 이야기하는 것을 알면 쉬워집니다.

성경은 어떤 일들을 통해 우리 마음의 세계를 이야기합니다. 그래서 우리가 성경 말씀을 그대로 따라가면 우리 마음이 하나님의 마음과 하나가 됩니다. 하나님과 마음이 같아지면 예수님을 통해 나타난 일들이 우리에게도 능력으로 나타납니다.

미국에 사는 언니가 암에 걸려 죽어가고 있어요

어느 날, 제가 집에 있는데 전화가 왔습니다. 강원도에 사는 부인 자매였습니다.

"목사님, 저희 언니가 미국에 사는데 암에 걸려 죽어가고 있어요."

한국에 사는 자매의 가족들이 모여서 의논한 뒤, 돈을 거둬 막내인 이 자매에게 주면서 말했답니다.

"네가 이 돈으로 미국에 가서 언니 음식도 해주고 돌봐주고 오면 좋겠다."

자매 언니가 죽음 앞에 있었기 때문에 마지막으로 돌봐주고 오라고 했던 모양입니다. 제가 자매의 전화를 받고 '암에 걸린 사람은 마음이 이러이러하니 이렇게 위로해 줘라'고 이야기해 주었습니다.

이튿날 제 전화기에 부재중 전화번호가 하나 찍혔는데 한국 번호가 아니었습니다. 전화를 했더니 암에 걸린, 자매의 언니가 받았습니다. 미국으로 간 동생에게서 제가 해준 이야기를 전해 듣고 저에게 직접 전화했던 것입니다. 그 후로 제가 며칠에 한 번씩 그 언니와 통화했습니다. 하나님을 의지하는 법이나 하나님을 믿는 것에 대해 이야기했습니다. 그때부터 이 부인의 얼굴이 표가 날 만큼 좋아지기 시작했습니다.

하루는 전화가 왔는데 며칠 사이에 얼굴이 아주 나빠져 있었습니다. 왜 그러냐고 물으니 밥을 못 먹는다고 했습니다.

"왜요? 양식이 없어요?"

"양식이야 있죠."

"그런데 왜 밥을 못 먹어요?"

"항암치료가 너무 독해 입이 써서 음식을 먹을 수 없어요."

제가 허허 웃었습니다. "목사님, 왜 웃으세요?"

"자매님이 나를 웃겼잖아요."

"제가 언제 목사님을 웃겼어요? 안 웃겼는데요."

"웃겼어요. 아니, 암 환자가 입맛이 쓰다고 음식을 안 먹어요? 그건 웃기는 이야기예요. 자동차는 휘발유 맛을 몰라도 잘 받아들여요. 그러면 차가 가요. 병을 치료하는 약 중에서 가장 좋은 약이 면역체계예요. 몸에 부작용이 전혀 없이 병을 고쳐 줘요. 음식을 먹지 않으면 그 면역체계가 힘을 잃어요. 음식 맛이 써도 넘겨야 해요. 그래야 힘을 얻어요."

"아, 그러네요."

이분이 그날부터 음식을 거실에도 두고 안방에도 두고 부엌에도 두고, 집안 곳곳에 두고는 지나다니면서 집어먹었습니다. 항암치료를 받으면 입맛이 쓴 것은 사실이지만 그렇다고 음식을 못 먹는 것은 아닙니다. 이분이 음식을 먹으면서 얼굴이 며칠 사이에 다시 많이 좋아졌습니다.

얼마 지나서 또 전화가 왔습니다.

6장 • 말씀을 믿어 하나님과 한마음이 되면 147

"목사님, 그동안 너무 고마웠습니다. 이젠 안 되겠어요."

"또 왜요?"

"위에 경련이 일어나서 미칠 것 같아요. 더는 못 살 것 같아요."

"지금도 경련이 일어나고 있어요?"

"지금이야 안 일어나죠."

"경련이 일어나다가 안 일어나면 나은 건데 왜 걱정해요? 경련이 다시 찾아오길 기다리는 거예요? 경련이 일어났다가 안 일어나면 나은 거예요."

"그러네요."

그렇게 시간을 보내고 어느 날 이분이 사진을 한 장 보내왔습니다. 사각모를 쓰고 졸업 가운을 입고 찍은 사진이었습니다. 사진 밑에 '항암치료 졸업'이라고 적혀 있었습니다. 딸이 대학원을 졸업했는데, 사각모와 가운을 빌려 입고 항암치료 졸업 사진을 찍었다고 했습니다. 그 뒤로 아주 건강해져서 한국에 와서 우리 교회 성도들 앞에서 간증하기도 했습니다.

성경에는 예수님의 마음이 담겨 있습니다. 우리 마음이 그 마음과 하나가 되면, 우리가 예수님의 마음으로 사는 사람이 됩니다. 그러면 우리 안에서 성령이 능력으로 역사합니다.

현대의학으로는 당신의 병을 고칠 수 없습니다

제가 군대에 있을 때 유격훈련을 받았습니다. 유격훈련은 적진에 들어가서 활동하는 법을 훈련하기 때문에 힘한 산에서 합니다. 줄 잡고 절벽 내려오기, 외줄 타고 강 건너기 등등을 훈련합니다. 그 가운데 산에서 줄을 타고 내려오다가 강물에 뛰어내리는 훈련이 있습니다. 줄에 걸려 있는 도르래를 타고 산꼭대기에서 내려오다가 중간에 강물로 뛰어내려야 하는데, 도르래가 아주 빠르게 내려가기 때문에 손을 늦게 놓으면 강을 지나 맨땅에 떨어지고, 일찍 놓으면 너무 높은 데에서 강으로 떨어져 다칩니다. 산 아래서 교관이 깃발을 들 때 손을 놓아야 강으로 안전하게 뛰어내릴 수 있습니다.

훈련이 위험해 정신이 조금만 해이해져도 큰 사고가 생기기 때문에, 정신을 바짝 차리도록 훈련 전에 '올빼미체조'라고 부르는 유격체조를 합니다. 훈련받을 군인들을 운동장에 세워 놓고 앞에서 교관이 말합니다.

"1번 팔벌려높이뛰기. 교관 1회, 여러분 999회, 계 1,000회. 마지막 구호는 붙이지 않습니다."

시작 구령과 함께 횟수를 세면서 팔벌려높이뛰기를 합니다.

"하나", "둘", "셋"….

마지막 회에서는 '천'이라고 구호를 붙이면 안 됩니다. 정말 힘들게 "구백구십구"까지 하고는, 여기저기서 낮고 다급한 목소리로 "하지 마, 하지 마, 하지 마"라고 합니다. 그런데 마지막에 꼭 "천" 하는 사람이 있습니다. 그러면 처음부터 다시 해야 합니다.

제가 유격훈련을 받다가 몸이 좀 이상했습니다. 휴식 시간이 끝나 "집합!" 소리를 듣고 뛰어가다가 몸이 움직이지 않아 쓰러졌습니다. 스물두 살 한창때여서 한 사흘 쉬니까 몸이 괜찮아졌습니다. 그때 제가 심장이 안 좋다는 사실을 알았습니다. 그 후 쉰 살이 넘으면서 심장 나쁜 것이 현저하게 나타났습니다. 한양대학병원에서 검사를 받앉는데 이유를 모르겠다고 했습니다. 그 뒤 미국의 큰 병원에서 나이가 일흔이 넘은 의사 분에게 진찰을 받았습니다. 병원에서 퇴임한 유명한 의사로, 병원에 가서 놀며 특별한 심장 환자들을 진료해 주는 분이었습니다. 그분이 제 가슴에 기계를 단 뒤 러닝머신에서 뛰라고 하는 등 여러 가지를 시켰습니다. 하루 종일 검사하고 저녁이 되어 의사 분이 말했습니다.

"미안합니다. 당신의 병은 현대의학으로는 고칠 수 없습니다."

병을 고칠 수 없다는 진단을 받고 돌아왔습니다. 그때 제가 살던 대전에서 7층짜리 선교센터를 짓고 있었습니다. 가끔 교회 마당에서 6층에서 일하는 사람들을 올려다보면 불안해서 심장이 심하게 쿵쾅거렸습니다. 곧 멎을 것 같아 잠깐 쳐다보다 얼른 눈을 감았습니다. '내가 많이 살면 한 달 살겠나'라는 생각이 들었습니다.

그해 여름에 우리가 송호솔밭에서 텐트를 치고 여름 수양회를 했습니다. 하루는 밤이 되어 제가 텐트로 돌아와서 자기 전에 그날 있었던 일들을 생각하다가 깜짝 놀랐습니다. 그날 진행 본부에서 주일학교를 하는 곳까지 네 번을 다녀왔기 때문입니다. 500미터 가까이 되는 거리를 네 번 오갔으니 모래 길을 4km 가까이 걸었다는 이야기였습니다. 제 몸 상태로는 도저히 그렇게 걸을 수 없기 때문에 '아, 내 몸이 다 나았구나'라는 마음이 들었습니다.

그래서 이튿날 아침부터 조깅을 시작했습니다. 수양회를 마치고 교회로 돌아와서는 우리 교회 가까이에 있는 서대전여고에 가서, 멋진 소나무들이 서 있어서 풍경이 좋은 운동장을 달렸습니다. 운동장 한 바퀴가 300미터로, 처음에는 한 바퀴를 돌고 나니 가슴이 아파서 더 뛰기 힘들었습니다. 그렇게 매일 달리다 보니 열 바퀴도 달릴 수 있었습니다. 제가 한국에만 있는 것이 아니라 해외에 자주 가기 때문에 가벼운 운동화를 하나 사서 어디에 가든 아침 일찍 조깅을 했습니다. 아프리카에서도 달리고, 러시아 상트페테르부르크에서는 왕궁 앞을 달렸습니다. 의사는 제 심장을 고칠 수 없다고 했고 실제로 얼마 못 살 것 같았지만 지금까지 건강하게 잘 살고 있습니다.

울지 마요, 남 목사 안 죽어요
성경을 계속 읽다 보면 스토리만 보이는 것이 아니라 그 안에 담겨 있는 하나님의 마음이 보입니다. 여러분이 성경에 있는 하나님의 마음을 발견해서 그것을 받아들이면 하나님과 한마음이 되고, 그때부터 여러분 속에 하나님의 능력이 살아 일합니다.

한번은 제가 필리핀에 있는 선교사님에게 전화를 했는데 그 아들이 받았습니다.

"아버지 바꾸거라."

"아버지 병원에 입원했어요."

"왜?"

"뎅기피버예요."

뎅기피버는 주로 열대지방에서 발병하는, 치사율이 높은 무서운 병입니다.

"아버지 어느 병원에 입원하셨냐?"

"필리핀 메디컬센터요."

제가 필리핀 메디컬센터에 전화해서 응급실을 바꿔 달라고 했습니다. 응급실에서 전화를 받아, 한국인 선교사를 바꿔 달라고 했습니다. 선교사님이 전화를 받을 수 없어서 아내가 대신 받았습니다. 제가 "여보세요." 하자 사모님이 내 목소리를 알아듣고 엉엉 울기 시작했습니다.

"목사님, 이제 우린 어떻게 해야 돼요? 이제 우린 어떻게 해야 돼요?"

선교사님이 며칠 전에 숲속 마을에 가서 복음을 전하고 돌아왔는데, 하룻밤 자고 나니 얼굴과 피부가 새카맣게 변했습니다. 교회 성도들은 선교사님도 우리와 피부색이 같아져 간다고 좋아했지만, 알고 보니 피가 썩어 검은색으로 변해서 그렇게 된 것이었습니다. 선교사님이 갑자기 몸 상태가 나빠져 급히 병원 응급실로 갔지만 이미 손을 쓸 수 없는 단계였습니다. 의사는 그날 오후에 죽는다고 했습니다. 그런 상황에서 사모님이 내 전화를 받고는 울면서 말했던 것입니다.

"목사님, 이제 우린 어떻게 해야 돼요? 이제 우린 어떻게 해야 돼요?"

남 목사님이 아직 죽지 않았지만 사모님 마음에서는 남편이 이미 죽어 있었습니다. 그래서 남편이 죽으면 남은 가족은 어떻게 하냐며 계속 울었습니다. 제가 말했습니다.

"왜 울어요? 진짜 울 일 생기면 좋겠어요? 울지 마요. 남 목사 안 죽어요."

"그럴까요?"

"그럴까요가 뭐예요? 남 목사 안 죽어요. 누가 남 목사를 필리핀에 보냈어요? 기쁜소식선교회가 보냈어요? 박옥수 목사가 보냈어요? 아니에요. 하나님이 보내셨어요. 하나님이 왜 남 목사를 필리핀에 보내셨어요? 복음 전하라고 보내셨어요. 남 목사가 필리핀에서 복음 전하는 일이 끝났어요? 아니에요. 이제 시작이에요. 남 목사가 할 일이 아직 많아요. 하나님이 남 목사를 통해 필리핀 사람들을 구원하는 일을 시작하셨고, 마치실 거예요. 하나님이 계획하신 일을 마치기 전까진 주님이 남 목사를 안 불러요. 남 목사 안 죽어요."

"그럴까요?"

"사모님, 그럴까요가 뭐예요? 하나님은 필리핀에 있는 많은 사람들을 위해 남 목사를 보내셨어요. 하나님은 실패하시지 않고 남 목사를 통해 필리핀의 많은 생명을 건지실 거예요." 사모님이 울음을 그쳤습니다. 그리고 전화를 끊고 남편에게 가서 저에게 들은 이야기를 전해주었습니다. 선교사님이 말은 못 하지만 들을 수는 있었습니다. 제가 한 이야기를 전해 듣고 그때부터 열이 내리기 시작해 다음날 퇴원했습니다.

사마리아 성으로 가서 이 놀라운 소식을 전하자

열왕기하 7장에서, 아람이 쳐들어와 전쟁을 하던 이스라엘 사람들이 전세가 불리해지자 사마리아 성으로 들어가 문을 닫아버렸습니다. 아람 군사들이 물러가지 않고 성을 포위한 채 머물러 이스라엘 백성들이 성에 갇히고 말았습니다. 시간이 흐르면서 농사를 짓지 못하니까 성 안에 양식이 점점 줄어들어 사람들이 굶주리기 시작했습니다. 심지어 아이를 삶아먹는 여자들도 있었습니다. 사람이 오래 굶다 보면 아이가 개로 보인다는 이야기를 들은 적이 있는데 사마리아 성 사람들이 그랬던 모양입니다.

그 성에 하나님의 사람 엘리사가 있었습니다. 사람들이 굶주림으로 시달리고 있던 그때에 엘리사 선지자가 말했습니다.

"**엘리사가 가로되, 여호와의 말씀을 들을지어다. 여호와께서 가라사대 '내일 이맘때에 사마리아 성문에서 고운 가루 한 스아에 한 세겔을 하고 보리 두 스아에 한 세겔을 하리라' 하셨느니라.**"(왕하 7:1)

양식 값이 엄청나게 싸진다는 이야기입니다. 성에 갇혀 양식이 다 떨어져서 절망 속에 있는 이스라엘 백성들을 살리시려고 하나님이 엘리사 선지자를 통해 말씀하신 것입니다. 그때 왕이 의지하는 장관이 말했습니다.

"여호와께서 하늘에 창을 내신들 어찌 이런 일이 있으리오?"

엘리사가 말했습니다.

"네가 네 눈으로 보리라. 그러나 그것을 먹지는 못하리라."

사마리아 성문 어귀에 문둥이 네 사람이 있었습니다. 옛날 이스라엘에서는 문둥이들은 성에 살지 못하고 문둥이 계곡에 살면서 가족들이 가져다주는 음식을 먹고 지냈습니다. 그런데 이스라엘 백성들이 사마리아 성에 갇혀 문둥이 계곡에 음식을 가져다주는 사람이 아무도 없어서, 문둥이들이 머물던 곳을 떠나 사마리아 성문 앞까지 왔습니다. 하지만 성에 있는 사람들도 먹을 것이 없기에 음식을 주는 사람이 없었습니다. 어느 날 하나님이 네 명의 문둥이에게 전에 없던 생각을 넣어 주셨습니다. 문둥이들이 서로 말했습니다.

"우리가 어찌하여 여기 앉아서 죽기를 기다리랴? 우리가 성에 들어가자고 할지라도 성중은 주리니 우리가 거기서 죽을 것이요, 여기 앉아 있어도 죽을지라. 그런즉 우리가 가서 아람 군대에게 항복하자. 저희가 우리를 살려두면 살려니와 우리를 죽이면 죽을 따름이라."

네 명의 문둥이가 황혼에 일어나 아프고 굶주린 몸을 이끌고 넘어지고 쓰러지면서 아람 진으로 갔습니다. 그때 하나님이 일하셨습니다. 문둥이들이 아람 진으로 가는 소리를 아람 군사들의 귀에 엄청난 군대가 달려오는 소리로 들리게 하셨습니다. 아람 군사들이 해가 져서 앞이 잘 보이지 않는데 지축을 뒤흔드는 수많은 병거들의 바퀴 소리와 말들의 울음소리 등이 들려, 저녁을 먹으려고 준비하다가 깜짝 놀라서 전부 장막 밖으로 뛰어나갔습니다. 그 가운데 똑똑한 군사가 말했습니다.

"이스라엘 왕이 애굽 왕과 다른 왕들에게 값을 주고 수많은 군사들을 불러 그들이 우리를 치러 오고 있다. 이제 우린 다 죽었다."

아람 군사들이 정신이 거의 나가 걸음아 날 살려라 하고, 말도 타지 않고 다 도망을 갔습니다.

문둥이 네 명이 아람 진에 이르러 힘을 다해 소리쳤습니다.

"우리는 항복합니다! 죽이지 마세요!"

그런데 아무 반응이 없었습니다. 조심조심 진으로 들어가서 한 장막을 젖히고 보니 군사들은 없고 음식만 부글부글 끓고 있었습니다. 문둥이들이 음식을 보니 눈이 뒤집어졌습니다. '나중이야 어찌 되건 일단 먹고 보자.' 정신없이 먹었습니다. 배가 부르자 장막 안을 살펴보니 금도 있고 은도 있었습니다. 그것들을 가져다 감추고, 다른 장막에 가서도 은금과 의복을 가져다 감추었습니다. 한참을 정신없이 그렇게 하다가 갑자기 생각이 또 들어왔습니다.

"야, 우리가 너무 악하다. 아람 군사들이 다 사라진 놀라운 소식이 있는데 우리가 잠잠하고 있다. 아침까지 기다리면 벌이 우리에게 미치겠다. 이제 사마리아 성으로 가서 이 일을 말하자."

그들이 다시 사마리아 성에 이르러 문지기를 불러 말했습니다.

"우리가 아람 진에 가서 보니, 사람은 아무도 없고 말과 나귀만 매여 있고 장막들이 그대로 있었습니다."

왕의 명령으로 이스라엘 군사들이 성에 남아 있는 말을 타고 주위를 둘러보니 진짜 아람 군사들이 다 도망가고 없었습니다. 그 사실이 성에 알려져 이스라엘 백성들이 아람 진으로 몰려가 먹고 마시고 장막에 있는 것들을 취했습니다. 왕이, 전에 엘리사에게 말도 안 되는 소리라고 했던 장관을 세워 성문을 지키라고 했지만 백성들이 그를 밟고 아람 진으로 몰려가 엘리사의 말대로 죽고 말았습니다. 그리고 하나님의 말씀대로 고운 가루 한 스아에 한 세겔, 보리 두 스아에 한 세겔이 되었습니다.

예수님을 믿는다고 하면서 왜 죄인이라고 해야 합니까?

세상에서 제일 악한 마음은 도둑질하고 간음하고 살인하는 마음이 아닙니다. 그런 마음도 악하지만, 하나님과 다른 마음이 제일 악합니다. 세상에서 제일 선한 마음은 하나님의 마음과 같이하는 마음입니다. 그렇기 때문에 여러분이 성경을 읽고 그 안에서 하나님의 마음을 발견해 여러분의 마음을 그 마음에 합해야 합니다. 그러면 여러분에게 하나님의 큰 능력이 역사합니다.

신앙생활의 밑바탕은 성경입니다. 목사는 설교할 때 자기 생각을 이야기하면 안 됩니다. 성경 속에 있는 하나님의 마음을 그대로 전해야 합니다. 성도들이 하나님의 마음을 정확히 듣고 그 마음과 합하면 그들 속에 하나님이 살아 역사하십니다. 하나님과 마음이 하나가 되면 어떤 일이나 문제가 일어나든지 하나님이 일하십니다.

굶주림에 시달리는 사마리아 성에서 어느 날 엘리사 선지자가 외쳤습니다.

"여호와의 말씀을 들을지어다. 여호와께서 가라사대 '내일 이맘때에 사마리아 성문에서 고운 가루 한 스아에 한 세겔을 하고 보리 두 스아에 한 세겔을 하리라' 하셨느니라."

엘리사가 여호와의 말씀이라고 했습니다. 그런데 한 장관이 그 이야기를 듣고는 말이 안 되는 소리라고 비웃었습니다.

"여호와께서 하늘에 창을 내신들 어찌 이런 일이 있으리오?"

엘리사가 그에게 말했습니다.

"네가 네 눈으로 보리라. 그러나 그것을 먹지는 못하리라."

엘리사의 말대로 장관은 이스라엘 백성들에게 밟혀 죽었습니다. 하나님은 당신의 뜻을 사람을 통해서 이루십니다. 하나님이 네 명의 문둥이를 통해 당신의 뜻을 이루셨습니다. 하나님의 뜻을 이루는 일에 쓰임 받는 사람은 얼마나 복됩니까.

안타깝게도 이 시대에 교회가 타락해서, 목사들이 성경을 제대로 읽지 않기 때문에 교인들에게 자신의 생각을 이야기합니다. 엘리사처럼 하나님의 마음과 뜻을 전하는 것이 아니라, 장관처럼 자신이 볼 때 합리적인 이야기를 합니다. 예수님이 십자가에서 우리 죄를 위해 죽었으면 우리 죄가 사해졌다고 이야기해야 하는데 죄인이라고 가르치는 목사들이 많습니다. 교인들도 성경을 자세히 읽지 않기 때문에, 목사의 말을 듣고 "하나님, 죄인입니다. 죄를 용서해 주옵소서." 합니다.

반복해서 말씀드리지만, 히브리서 10장 10절에서 **"이 뜻을 좇아 예수 그리스도의 몸을 단번에 드리심으로 말미암아 우리가 거룩함을 얻었노라."**라고 말씀했습니다. 예수님의 죽음으로 우리가 거룩해졌다고 했습니다. 성경을 읽어 보면, 어디를 읽어도 우리 죄가 씻어졌다고 말합니다.

만약 예수님이 우리 죄를 못 씻었다면, 그래서 우리가 죄인이라면 예수님이 우리 죄를 씻는 일을 실패하신 것입니다. 왜 성경에 없는, 우리 죄를 씻는 일에 실패하신 예수님을 믿으려고 합니까? 예수님은 실패하시지 않았습니다. 십자가에 못 박혀 "다 이루었다!" 하고 돌아가셨습니다. 우리 죄를 씻는 일을 다 이루셨습니다. 누구 죄는 씻고 누구 죄는 남기고, 어떤 죄는 씻고 어떤 죄는 남기고, 그렇게 하시지 않았습니다. 모든 죄를 영원히 씻었습니다. 그래서 우리가 거룩하고 온전하게 되었습니다.

"저가 한 제물로 거룩하게 된 자들을 영원히 온전케 하셨느니라." (히 10:14)

우리 마음에 맞든지 안 맞든지 성경 말씀을 그대로 받아들이는 것이 참된 믿음입니다. 죄인이라는 말은 겸손한 말이 아닙니다. 하나님의 말씀을 거스르는 말입니다. 예수님이 실패했다고 예수님을 모욕하는 말입니다. 오늘 한국의 많은 기독교인들이 예수님을 믿는다고 하면서 왜 죄인이라고 해야 합니까? '십자가의 피로 내 모든 죄가 영원히 씻어졌다'고 해야 예수님을 믿는 사람입니다. 이렇게 믿는 것 전혀 어렵지 않습니다.

신앙은 하나님과 마음을 같이하는 것입니다. 하나님이 의롭다고 하시면 의로운 것입니다. 하나님이 거룩하다면 거룩한 것입니다. 왜 하나님의 말씀을 거슬러, 하나님이 거룩하다고 하시는데 "아닙니다. 죄인입니다." 합니까? 엘리사의 말을 거슬렀다가 죽은 장관처럼, 하나님의 말씀과 다르게 죄인이라고 하는 사람은 지옥에 갈 수밖에 없습니다. 우리가 볼 때 자신이 죄를 지은 것이 사실이고 그래서 죄인같이 보여도 하나님이 의롭다면 우리가 의롭습니다.

의사는 얼마 후에 죽는다고 했지만…

하나님의 마음을 알고 그 마음과 합하는 것이 신앙입니다. 하나님과 마음을 하나로 합하면 우리가 의로워지고, 삶 속에서 놀라운 역사들을 경험하게 됩니다.

한번은 제가 울산에서 집회를 마치고 밤 10시쯤 차를 몰고 서울로 출발했습니다. 울산에서 서울까지 4시간 정도 걸리니까 서울에 도착하면 새벽 2시경이 될 것이었습니다. 그런데 그 시간이 제가 잠을 자는 시간과 맞지 않아서 도중에 자고 가기로 했습니다. 기쁜소식대구교회에 전화해서 자고 가도 되냐고 물으니, 사택에 빈방이 있기 때문에 흔쾌히 자고 가라고 했습니다. 그런데 함께 간 목회자와 차안에서 이야기를 주고받다가 대구를 지나버렸습니다. 그 다음 교회가 기쁜소식구미교회여서, 구미에 전화해 허락을 받고 그 교회에서 잠을 잤습니다.

다음날 새벽 4시쯤 일어나서 '지금 서울로 올라가면 아침 먹을 때쯤 도착하겠다' 하고, 살짝 가려고 가방을 들고 방문을 조심스럽게 열고 나가다가 깜짝 놀랐습니다. 문 앞에 구미 교회 목사님이 서 있었습니다. 목사님이 내가 일찍 갈 것을 알고 잡으려고 거기 서 있었던 것입니다.

"왜 거기 서 있어요?"

"목사님, 새벽기도 모임에서 말씀을 전해주고 가십시오."

잠을 잔 값을 하라는 것입니다. 새벽기도 모임 때 제가 말씀을 전했습니다. 설교하다 보니, 예배당 뒤편에 한 여학생이 휠체어를 타고 앉아 있었습니다. 말씀을 마치고 제가 그 여학생에게 다가가 물었습니다.

"너는 왜 휠체어를 타고 있니?"

그 학생이 휠체어를 타고 있는 이유를 말해 주었습니다. 어느 날 학생의 다리 신경이 마비되었습니다.

"엄마, 발에 감각이 없어."

"괜찮아지겠지, 뭐."

그런데 감각을 느끼지 못하는 것이 다리에서 시작해 점점 위로 올라와 나중에는 배까지 감각이 전혀 없었습니다. 병원에 가서 검사를 받으니, 의사가 척수에 염증이 생겨서 일어난 일이라며 침대에 누워서 지내다가 죽을 거라고 했습니다. 병을 고칠 길이 없었습니다. 걸음을 걷지 못할 뿐 아니라 대소변도 보지 못했습니다. 소변은 기계로 뽑아내고, 대변은 며칠에 한 번씩 약을 먹고 엄마가 배를 밀어내 배설하게 했습니다.

손을 쓸 수 없는 병에 걸려 부모님이 딸과 함께 저를 만나러 오고 싶었습니다. 그런데 기계 없이는 소변을 뽑아내지 못하기 때문에, 구미에서 서울까지 오가는 긴 시간 동안 소변을 처리할 길이 없어서 오지 못했습니다. 그래서 "하나님, 박옥수 목사님이 구미에 오게 해주십시오."라고 기도했습니다. 제가 전날 구미 교회 목사님에게 그 교회에서 자고 가도 되냐고 전화했을 때, 목사님이 '됐다' 하고는 그 여학생 부모님에게 전화를 했습니다. 박옥수 목사님이 교회에 오셨으니 내일 새벽기도회에 딸과 함께 오라고 했습니다.

그렇게 해서 제가 그 여학생과 만났습니다. 이제 갓 피어나는 예쁜 꽃 같은 여학생이 침대에 누워서 생활하다가 죽어야 한다는 것이 너무 마음이 아팠습니다. 제가 성경에서 발견한 하나님의 마음을 그 학생에게 이야기해 주었습니다.

'예수님이 우리 죄를 위해 죽어 죄를 다 씻어주셨고, 예수님이 세상에 계시는 동안 어떤 병자를 만나든지 고쳐주셨다. 하나님은 우리 병을 고쳐주고 싶어하신다. 네가 그것을 믿으면 그 믿음대로 하나님이 역사하신다.'

이에 대해 자세히 설명해 주었습니다. 그리고 학생의 머리에 손을 얹고 기도하고 서울로 올라왔습니다.

석 달이 지나 편지가 한 통 왔습니다. 예쁜 편지지에 깨알 같은 글씨로 쓴 편지로, 그 여학생이 보낸 것이었습니다. 의사는 얼마 후에 죽는다고 했지만 이제는 이렇게 편지도 쓸 수 있고, 걸을 수도 있다고 했습니다. 좀 더 잘 걸으면 그 모습을 보여 주러 서울에 오겠다고 했습니다.

한 달 뒤, 이 여학생이 부모님과 함께 저를 찾아왔습니다. 제 손을 잡고 제가 있는 사무실을 한 바퀴 돌았습니다. 그 일이 3월엔가 있었고, 그 해 여름에는 IYF 월드캠프에 참석해 단축마라톤을 해서 800명 가운데 300등을 했습니다. 아주 건강해졌습니다.

하나님이 의롭다면 우리가 의로운 것이 맞습니다

하나님이 일하시면 누구나 변합니다. 저도 옛날에는 죄 속에서 살았습니다. 매일 도둑질하고 거짓말도 많이 했습니다. 죄가 많아서 날마다 교회에 가서 죄를 용서해 달라고 기도했습니다. 그런데 성경을 보니, 예수님이 십자가에 못 박혀 내 죄가 씻어져 있었습니다.

"모든 사람이 죄를 범하였으매 하나님의 영광에 이르지 못하더니, 그리스도 예수 안에 있는 구속으로 말미암아 하나님의 은혜로 값 없이 의롭다 하심을 얻은 자 되었느니라."(롬 3:23~24)

하나님이 저를 보고 의롭다고 하셨습니다. 이것이 제가 하는 이야기가 아니라 하나님의 말씀이 맞습니까? 예, 하나님의 말씀입니다. 하나님이 의롭다고 하시면 우리가 의로운 것이 맞습니다. 이것을 믿는 것이 하나님을 믿는 것입니다. 하나님의 말씀을 믿는 사람은 "내가 의롭습니다." 하고, 자기 생각을 믿는 사람은 "나는 죄인입니다." 합니다.

저는 전 세계를 다니면서 우리 죄가 다 씻어져서 우리가 의롭게 되었다는 성경 말씀을 전합니다. 제가 세계 여러 나라를 다니면서 대통령을 40여 분 만났습니다. 그분들에게 정치 이야기를 하겠습니까, 경제 이야기를 하겠습니까? 제가 그분들보다 잘 아는 것이 하나 있는데, 성경입니다. 그래서 대통령을 만나면 성경 이야기를 했습니다. 많은 대통령이 말씀을 듣고 죄 사함을 받았습니다.

에스와티니 국왕께서는 말씀을 듣고 죄 사함을 받으신 뒤 "목사님, 목사님은 참된 하나님의 종입니다. 내가 땅을 드리겠습니다. 거기에 IYF 센터를 짓고 목사님 집도 지으십시오. 여기 자주 와서 그 집에 거하십시오."라고 하셨습니다. 지금 그 땅에 건축이 한창 진행되고 있습니다.

얼마 전 이스라엘을 방문했을 때에는 정계에 있는 많은 분들이 저를 찾아와서 함께 일하고 싶다고 했습니다. 이스라엘에 있는 여러 나라의 대사들도 스무 명 넘게 저희가 마련한 행사에 참석해서 말씀을 들었습니다.

저는 다른 것은 잘 모릅니다. 정확히 아는 것은 성경입니다. 성경 곳곳에 예수님이 십자가에 못 박혀 우리 죄가 씻어졌다고 기록되어 있습니다. 우리는 그 말씀을 믿어야 합니다. 사탄이 기독교인들을 속여서 많은 기독교인들이 죄인이라고 말합니다. 이제 목회자든 일반 성도든 누구든지 하나님의 말씀을 믿는 쪽으로 마음을 바꾸어야 합니다. 그러면 여러분이 하는 목회에 하나님이 일하시고, 여러분의 가정에 하나님이 일하십니다. 하나님이 일하시면 신기한 일들이 일어납니다.

한국의 어느 목사님이 쓴 로마서 주석을 본 적이 있습니다. 로마서를 한 구절씩 주석해 나가다가 의롭다는 대목이 나오면 그냥 넘어갔습니다. 자신이 죄인이어서 의롭다는 것이 이해가 가지 않기 때문입니다. 의롭다는 것이 이해되지 않는 것은 성경 말씀을 믿지 않기 때문입니다. 여러분이 아무리 죄를 지었어도 하나님이 의롭다면 의롭습니다. 성경에서 의롭다면 의롭습니다. 누구든지 자기 생각을 믿지 않고 하나님의 말씀을 믿으면 전부 의로운 사람이 됩니다.

"당신 의롭습니까?"

"예, 의롭습니다."

"죄를 안 지었습니까?"

"지었습니다."

"그러면 더럽지 어떻게 의롭습니까?"

"예수님이 내가 지은 죄를 다 씻어 주셨습니다. 그래서 내가 의롭습니다."

우리 가운데 죄를 짓지 않은 사람은 하나도 없습니다. 다 죄를 지었습니다. 그런데 예수 그리스도께서 십자가에서 흘리신 피가 우리 죄를 영원히 깨끗하게 씻어서 우리를 의롭고 거룩하게 했습니다.

굶주린 사마리아 성에 하나님의 말씀이 전해졌습니다. 장관은 자신이 똑똑하다고 여겨 엘리사 선지자가 하는 이야기가 말이 안 된다고 생각했습니다. 그래서 "여호와께서 하늘에 창을 내신들 어찌 이런 일이 있으리오?"라고 했습니다. 그 사람은 하나님의 은혜를 누리지 못했습니다. 하나님께서 자랑할 것이 없는 문둥이들을 통해 역사하셨습니다. 그들 마음에 전에 없던 생각을 넣어 주시고, 아람 진으로 가는 그들의 발걸음을 아람 군사들에게 엄청난 군대의 소리로 들리게 하셨습니다.

하나님이 말씀하시면 말씀하신 대로 하나님이 이루십니다. 우리는 하나님의 말씀과 마음을 같이해야 합니다. 하나님이 의롭다고 하시면 우리도 의롭다고 하고, 하나님이 깨끗하다고 하시면 우리도 깨끗하다고 하고, 하나님이 거룩하다고 하시면 우리도 거룩하다고 하는 것입니다. 이렇게 하나님과 같은 마음을 가지면 여러분 속에 하나님이 일하십니다. 우리 마음에 말씀이 믿어져서 하나님의 영이 우리 안에서 일하시는 것이 정말 놀랍습니다.

오늘부터 여러분의 생각을 다 비우고 성경 말씀을 믿으십시오. 성경 말씀은 하나님의 말씀이고, 하나님의 마음입니다. 여러분이 말씀을 믿어서 하나님의 마음과 하나가 되면 어떤 일이든지 하나님의 은혜를 입어 해결되어서 복되게 살 수 있습니다.

07

하늘에 창을 내신들
이런 일이 있으리오?

제 7 장

하늘에 창을 내신들
이런 일이 있으리오?

열왕기하 7장 1절부터 읽겠습니다.

"엘리사가 가로되 '여호와의 말씀을 들을지어다. 여호와께서 가라사대 내일 이맘때에 사마리아 성문에서 고운 가루 한 스아에 한 세겔을 하고 보리 두 스아에 한 세겔을 하리라 하셨느니라.' 그때에 한 장관 곧 왕이 그 손에 의지하는 자가 하나님의 사람에게 대답하여 가로되 '여호와께서 하늘에 창을 내신들 어찌 이런 일이 있으리오?' 엘리사가 가로되 '네가 네 눈으로 보리라. 그러나 그것을 먹지는 못하리라' 하니라."(왕하 7:1~2)

신앙생활을 하면서 사람들은 무엇이든지 남보다 잘되고 잘살게 되기를 바랍니다. 그런데 하나님은 때때로 우리를 가난하게도 하시고 부족하게도 하셔서 우리 마음을 낮추는 일을 하십니다.

이스라엘 백성들에게 밟혀 죽은 한 장관
열왕기하 7장에서 하나님의 사람 엘리사가 사마리아 성에 있는 이스라엘 백성들에게 말했습니다.

"여러분, 내 말을 들으십시오. 하나님께서 말씀하시길 '내일 이맘때에 사마리아 성문에서 고운 가루 한 스아에 한 세겔을 하고 보리 두 스아에 한 세겔을 하리라' 하셨습니다."

지금 양식 값이 굉장히 비싼데 내일 이맘때가 되면 갑자기 양식 값이 엄청나게 싸진다는 것입니다. 이런 이야기는 머리가 좋아서 세상 돌아가는 것을 잘 안다고 할 수 있는 이야기가 아닙니다. 사람은 이런 이야기를 할 수 없습니다. 하나님의 계시를 받아야 할 수 있는 이야기입니다. 하나님이 그렇게 말씀하셨으면 그렇게 됩니다. 그런데 왕이 의지하는 한 장관이 그 이야기를 듣고는 말이 안 되는 소리라는 생각이 들었습니다. 아무리 생각해 보아도 불가능한 일이어서 "여호와께서 하늘에 창을 내신들 어찌 이런 일이 있으리오?"라고 했습니다.

이 이야기를 조금 깊이 생각해 보면 중요한 내용이 담겨 있습니다. 당시 상황은, 아람 군사들이 사마리아 성을 둘러싸고 있어서 성 안에 있는 이스라엘 백성들이 성밖으로 나가지 못했습니다. 성이 견고해서 아람 군사들이 함락시키지 못했지만 이스라엘 백성들도 성에 갇혀서 지내야 했습니다. 들에 나가서 농사를 지어야 먹을 것을 생산

하는데 그렇게 못 하니까 시간이 흐르면서 사람들이 굶주리기 시작했습니다.

이때 엘리사 선지자가 '내일 이맘때에 양식 값이 엄청나게 싸진다'고 했습니다. 사마리아 성에서는 먹을 것을 구하기 힘들어 양식 값이 금값이었기 때문에 불가능해 보이는 일이었습니다. 그렇지만 사람들은 다 그렇게 되기를 바랐습니다. '저 말대로 되어서 우리 아이에게 죽을 끓여주면 아이가 얼마나 좋아할까!' 사람들의 마음에 이런 소망이 가득했습니다. 그런데 왕이 의지하는 장관은, 하나님이 하늘에 창을 내신들 그런 일이 일어나겠느냐고 했습니다. 사람들이 굶주리는 중에도 자기는 먹을 것이 있었기 때문에 장관은 그렇게 말할 수 있었습니다.

그날 하나님이 성문 어귀에 앉아 있던 문둥이 네 사람에게 역사하셨습니다. 그들 마음에 전에 없던 생각이 들었습니다. 그들이 문둥이 계곡에서 살다가 음식을 가져다주는 사람이 없어서 사마리아 성문 어귀까지 왔지만 여전히 음식을 주는 사람은 없었습니다. 성안에 있는 사람들도 먹을 것이 없어서 아이를 삶아 먹는 지경인데 누가 문둥이를 위해 음식을 주겠습니까? 문둥이들이 성문 어귀에 있은 지 얼마나 되었는지 모르겠지만 굶어서 죽어가고 있었습니다. 그때 하나님이 문둥이들의 마음에 생각을 넣어 주셨습니다.

"우리가 어찌하여 여기 앉아서 죽기를 기다리랴? 우리가 성에 들어가자고 할지라도 성중은 주리니 우리가 거기서 죽을 것이요, 여기 앉아 있어도 죽을지라. 그런즉 우리가 가서 아람 군대에게 항복하자. 저희가 우리를 살려두면 살려니와 우리를 죽이면 죽을 따름이라."

어차피 죽을 거라면 앉아서 죽음을 기다릴 것이 아니라 양식이 있는 아람 진으로 가자고 했습니다. 아람 군사들이 죽이면 죽고, 살려 주면 음식을 먹지는 못해도 구경이라도 하게 아람 진으로 가자고 했습니다. 그들이 황혼에 일어나 아람 진으로 발걸음을 옮겼습니다. 그리고 얼마 후, 밤중에 문둥이들이 사마리아 성문에서 소리를 질렀습니다.

"이보시오!"

"저 문둥이들 뭐야?"

"할 이야기가 있어요! 아람 진에 가서 보니 군사들은 아무도 없고 음식이 잔뜩 쌓여 있어요!"

문지기들이 그 소식을 왕궁에 있는 사람에게 이야기하고, 그가 다시 왕에게 보고했습니다. 왕이 듣고는 신하들에게 말했습니다.

"아람 사람이 우리에게 행한 것을 내가 너희에게 알게 하노니, 저희가 우리의 주린 것을 아는 고로 그 진을 떠나서 들에 매복하고 있으면서 '저들이 성에서 나오거든 우리가 사로잡고 성에 들어가겠다' 한 것이니라."

자신이 잘났다고 하는 장관이나 왕은 하나님의 은혜를 입기에 마음이 모자랐습니다. 엘리사 선지자가 한 말을 듣고 지혜로운 사람은 이렇게 했을 것입니다.

"여보, 내일이면 고운 가루 한 스아에 한 세겔, 보리 두 스아에 한 세겔이 된다. 그동안 먹지 않고 아껴놓은 쌀이 얼마 남았지? 얼른 밥을 해서 먹자. 그리고 남은 쌀은 빨리 비싼 값에 팔자."

하나님이 이스라엘 백성들에게 은혜를 베풀어 그들에게 양식을 주려고 하셨지만, 왕이 의지하는 장관은 그런 일은 일어날 수 없다고 하고 왕은 '적이 우리가 주린 걸 알고 숨어 있다가 우리가 나오면 사로잡으려고 한다'고 했습니다. 만약 이스라엘 백성들이 장관이나 왕의 말을 들었다면, 그날도 그 다음 날도 굶주려야 했습니다. 오래도록 굶주리다 많은 사람이 죽었을 것입니다.

그런데 백성들은 엘리사 선지자가 전해준 하나님의 말씀을 들었습니다. 그들이 아람 진에 가서 보니 양식이 넘쳐났습니다. 그들이 아람 진으로 가려고 할 때 성문에서 왕이 의지하는 장관이 가로막으려고 하자, '저놈 때문에 굶어죽겠다' 하고는 발로 밟아서 그가 죽고 말았습니다.

무슨 일이 일어나고 있는지 조금 알 뿐인 인간

제가 여러분에게 하고 싶은 이야기가 있습니다. 저는 1944년에 태어났고, 1945년에 우리나라가 해방이 되었습니다. 일본은 한국을 점령한 뒤 중국을 점령하려고 공격했습니다. 미국이 일본에게 '전쟁을 그만해라, 왜 자꾸 전쟁을 일으키냐'고 했습니다. 일본 사람들은 미국 사람을 코가 크다고 '코쟁이'라고 불렀습니다. 그들이 '남이야 전쟁을 하든 말든 너희 코쟁이들이 무슨 상관이냐?'고 대응해 미국이 화가 났습니다.

당시 일본에서는 쇠가 부족해 미국에서 고철을 수입해서 그것으로 무기를 만들었습니다. 일본이 미국 이야기를 듣지 않자 미국에서 일본에 고철과 석유 수출을 중단했습니다. 일본이 전쟁 물자를 만들 철을 보충하기 위해 우리나라에서 쇠로 만든 것은 밥그릇부터 숟가락까지 다 빼앗아갔습니다. 그래서 사람들이 사기그릇에 나무 숟가락과 젓가락으로 밥을 먹었다고 합니다.

　미국의 처사에 화가 난 일본 정부에서 군사령관인 야마모토 장군에게 미국을 공격하라고 했습니다. 야마모토는 하버드대학에서 공부했기 때문에 일본이 미국과 전쟁해서 이길 수 없다는 사실을 알았습니다. 그런데 일본 사람들은 한국을 점령하고 중국을 점령해 들어가자 미국을 얕잡아 보았습니다. 야마모토 장군이 미국을 공격하면 망한다고 했지만 일본 정부에서 미국을 공격하라고 명령했습니다. 야마모토 장군이 명령대로 항공모함을 이끌고 하와이로 갔습니다. 항공모함에서 이륙한 전투기들이 진주만에 있는 미군 기지를 향해 날아갔습니다. 비행기들이 다가오자 비상 사이렌이 울렸지만, 그날 아침에 미국 본토에서 전투기들이 진주만으로 오기로 되어 있었기 때문에 지휘관이 아군 비행기니 괜찮다고 했습니다.

　일본 전투기들이 아무 방해도 받지 않고 진주만에 이르러 미 함대를 폭격했습니다. 일본군의 공격을 받아 미군 항공모함 애리조나 호가 침몰했고, 수많은 병사들이 죽임을 당했습니다. 일본에서는 미국도 별것 아니라고 하며 난리가 났습니다. 그러나 시간이 흐른 뒤, 어느 날 일본 상공에 B-29 폭격기 세 대가 떠올랐습니다. 한 대는 도쿄로, 한 대는 히로시마로, 한 대로는 나가사키로 갔습니다. 세 대의 비행기가 목적지에 도착하자 기지에서 연락이 왔습니다.

　"현재 구름의 양은?"

　도쿄는 하늘에 7할의 구름이 꼈다고 했습니다. 원자폭탄은 낮은 데에서 투하하면 폭격기까지 폭파되기 때문에 고공에서 투하해야 하고, 그렇기 때문에 구름이 많으면 투하하기 힘듭니다. 나가사키는 하늘에 구름이 6할이 꼈다고 했습니다. 구름이 그 정도여도 폭탄을 투하할 수 없었습니다. 마지막으로 히로시마는 구름 양이 3할이라고 했습니다. 히로시마에 원자폭탄을 투하하기로 했습니다. 폭격기 탑승자들은 미국에서 히로시마와 같은 지형을 만들어놓고 원자탄 투하 훈련을 오랫동안 한 사람들이었습니다. 그들이 히로시마에 원자탄을 투하했습니다. 엄청난 불길이 치솟고 강한 바람과 열기가 히로시마를 휩쓸었습니다.

일본에서는 갑자기 히로시마와 연락이 두절되었습니다. 며칠 후, 미국에서 B-29 폭격기에서 찍은 히로시마에서 원자탄이 폭발하는 사진으로 전단을 만들어 도쿄 하늘에 뿌렸습니다. 아침에 출근하던 사람들이 그 전단을 보고 깜짝 놀랐습니다. 도쿄에도 원자탄을 투하할까 두려워 사람들이 산속으로 들어가 숨기도 했습니다. 일본 천황이 방송으로 무조건 항복한다고 했습니다. 우리나라도 일본 치하에서 해방이 되었습니다.

히로시마에 원자탄이 떨어지던 날, 일본 사람들은 무슨 일이 벌어지고 있는지 아무도 몰랐습니다. 히로시마에 원자탄이 떨어졌을 때 집들이 다 파괴되고 철골로 지은 집 한 채만 남았는데, 그 집이 현재 히로시마 원폭 기념관이 되었습니다. 우리가 세상을 살면서 어떤 일들이 일어나고 있는지, 천 분의 일을 아는지 만 분의 일을 아는지 모릅니다. 그냥 무엇을 조금 알 따름입니다.

사람들이 살면서 만물을 주관하시는 하나님이 계시다는 사실을 알고, 이런저런 시련이나 고난을 겪은 사람들이 마음에서 하나님을 찾아갑니다. 그러나 자신이 똑똑하거나 잘났다고 생각하는 사람, 잘 산다고 생각하는 사람들은 하나님의 존재를 잘 모릅니다. 그들은 하나님보다 자기를 믿는 마음이 큽니다.

성경은 두 부류 사람들의 차이에 대해 이야기한다
열왕기하 7장에서 하나님이 엘리사 선지자를 통해 말씀하셨습니다.

"여호와께서 가라사대 '내일 이맘때에 사마리아 성문에서 고운 가루 한 스아에 한 세겔을 하고 보리 두 스아에 한 세겔을 하리라' 하셨느니라."

이스라엘 백성들이 아들과 딸이 굶어 죽어가는 모습을 보고 있다가 '이제 죽을 끓여서 줄 수 있겠구나! 우리 아이가 살겠구나!' 하며 정말 좋아했습니다. 그런데 왕이 의지하는 장관은 하나님의 말씀과 전혀 다른 자기 생각을 이야기했습니다. "여호와께서 하늘에 창을 내신들 어찌 이런 일이 있으리오?" 말이 안 된다는 것입니다. 백성들은 굶어 죽어가는 상황에서 엘리사 선지자가 한 말이 거짓말이라도 믿고 싶은데, 장관은 잘났다고 생각하고 자신은 굶지 않으니까 자기 판단이 옳다고 자기 생각을 내세웠습니다. 엘리사 선지자가 장관에게 말했습니다.

"네가 네 눈으로 보리라. 그러나 그것을 먹지는 못하리라."

사마리아 성안에 있던 이스라엘 백성들은 굶주림으로 죽어가면서 하나님이 도와주시기를 바라고 또 바랐습니다. 하나님의 은혜를 간절히 기다렸습니다. 그렇게 지내던 어느 날 하나님의 선지자가 말했습니다.

"여호와께서 가라사대 '내일 이맘때에 사마리아 성문에서 고운 가루 한 스아에 한 세겔을 하고 보리 두 스아에 한 세겔을 하리라' 하셨느니라."

내일 이맘때에 고운 가루 한 스아에 한 세겔 하고, 보리 두 스아에 한 세겔 하면 얼마나 좋습니까! 사마리아 성 사람들이 얼마나 감사했겠습니까!

"예? 그게 정말입니까? 감사합니다!"

엘리사 선지자가 한 말을 믿은 사람들은 집으로 뛰어가서 이렇게 했을 것입니다.

"여보, 우리 집에 쌀이 얼마나 남았어?"

"한 말 남았어."

"그러면 한 되 가지고 밥을 해서 실컷 먹자. 그리고 나머지는 다 팔자. 오늘 팔면 그 돈으로 내일은 몇 가마니를 살 수 있어."

그런데 왕이 의지한 장관은 자기 생각을 믿었습니다. 이스라엘 왕도 장관과 같았습니다. 네 명의 문둥이가 사마리아 성에 와서 아람 진에 군사들이 하나도 없고 양식이 가득하다고 전했을 때, 왕은 '하나님께서 엘리사 선지자를 통해 하신 말씀이 그대로 이루어졌구나'라고 받아들이지 못했습니다. 신하들에게 자기 생각을 이야기했습니다.

"그런 게 아니라, 우리가 굶주리고 있으니까 아람 군사들이 수를 쓴 거야. 진을 비우고 들에 숨어 있다가 우리가 나오면 공격하려는 거야."

열왕기하 7장에는 하나님의 말씀을 긍정적으로 받아들이는 사람과 부정적으로 받아들이는 사람이 나옵니다. 성경은 두 부류 사람들의 차이에 대해 이야기하고 있습니다.

'그게 말이 돼?'라고 하는, 마음이 높은 사람들

제가 일곱 살이던 1950년에 6·25전쟁이 일어났습니다. 인민군이 제가 살던 선산까지 밀고 내려와 우리가 기르던 돼지를 잡아먹었습니다. 우리 가족이 말리자 확 뿌리치고는 총으로 어미 돼지를 쏘았습니다. 새끼 돼지들이 어미에게 모여 있다가 '땅' 하고 총소리가 울리고 어미 돼지가 쓰러지자 다 도망갔습니다. 인민군들이 돼지를 삶아서 고기는 자기들이 다 먹고 우리에게는 국물만 조금 주었습니다. 감사하게도 그때 미군이 우리나라를 도우러 왔습니다. 만약 미군이 전쟁에 개입하지 않았다면 나라가 다 북한에게 점령당해 지금 우리가 김정은 밑에서 살고 있었을 것입니다.

전쟁 중에도 그랬지만 전쟁이 끝난 후에도 배가 고프고 정말 어려운 시절이 이어졌습니다. 자고 아침에 일어나면 길에 얼어 죽은 사람이 있었습니다. 사람이 굶는다고 바로 죽는 것이 아닙니다. 계속 굶어 아무 힘이 없어서 죽습니다. 우리 가족도 전쟁 중에는 많이 굶었습니다. 전 시간에 이야기한 대로 갑자기 어른 세 분이 집을 떠나고 어린 남매 넷이 남아서 살아야 했습니다. 굶을 때가 많아 배가 많이 고팠습니다. 열다섯 살이던 큰누님이 동생들 앞에서는 울지 못하고 밤중에 우리가 잘 때 혼자 일어나 흐느끼는 소리를 듣고 우리가 다 일어나 함께 부둥켜안고 울었습니다. 전쟁이 끝난 후에도 어려움은 계속되었습니다. 우리 반 친구의 3분의 1이 부모가 없는 고아였습니다.

그 시대에 살았던 사람들은 '우리는 허리띠를 졸라매고 살아도 자식들은 굶지 않게 하자. 자식들 시대에는 배불리 먹고 살게 하자'라는 마음으로 살았습니다. 가난하고 어렵게 살았던 사람들은 그 삶이 얼마나 비참한지 잘 압니다. 그래서 자식들에게는 그런 삶을 물려주지 않으려고 몸을 아끼지 않고 일했습니다. 그 결과로 요즘은 우리나라가 정말 잘삽니다. 우리나라가 세계에서 돈이 제일 많은 나라는 아니지만, 국민들이 사는 것을 보면 어느 나라보다 풍요롭게 삽니다.

삶이 부유해지다 보니 요즘은 고생하지 않고 자란 아이들이 많습니다. 그래서 옛날에는 밥을 먹지 못했다고 하면 "라면 끓여먹지 그랬어요. 아니면 떡을 사먹던지요."라고 합니다.

사마리아 성에 있던 수많은 이스라엘 백성들이 굶주림 속에서 하나님의 은혜를 애타게 기다렸지만, 왕이나 장관은 달랐습니다. 장관은 그래도 먹을 것이 있으니까, 하나님이 양식을 풍성하게 주신다는 엘리사 선지자의 이야기를 듣고 "여호와께서 하늘에 창을 내신들 어찌 이런 일이 있으리오?"라고 했습니다.

부족함 없이 부요하게 사는 것이 다 좋은 것은 아닙니다. 마음이 높아져서 자기 판단만 믿기 쉽기 때문입니다. 사마리아 성에서 백성들이 굶주림으로 죽어가고 있는데 선지자가 양식이 넘친다고 하면 얼마나 좋습니까. 왕이나 장관이 거기에 모든 소망을 걸어야 하지 않겠습니까? 그런데 장관이 마음을 낮추고 하나님의 은혜를 바라는 것이 아니라 '이런 상황에서 양식이 넘친다고? 말도 안 되는 소리!' 하고 자기 생각을 믿었습니다. 왕도 '틀림없이 아람 군사들이 우리가 굶주린 것을 알고 들에 매복해 있다가 우리가 성에서 나오면 사로잡으려는 술수야'라고 생각했습니다. 그들은 하나님의 말씀을 부정적으로 보았습니다. 자신이 잘났다고 생각하는 사람, 자신은 부족함이 없다고 생각하는 사람은 그렇게 생각합니다. 그것이 잘사는 것보다 더 불행한 것입니다.

사랑하는 여러분, 제가 오늘 여러분에게 하고 싶은 이야기가 이것입니다. 여러분 가운데에도 살 만하다고 교만해져서 하나님의 말씀을 무시하고 자기 생각대로 흘러가는 사람이 많습니다. 하나님의 말씀을 따르지 않고 자기 생각을 따라가다가 멸망을 당하는 사람이 정말 많습니다. 성경은 우리에게 그 이야기를 해주고 있습니다. 저는 목사여서 성경을 정말 많이 읽었습니다. 교만한 사람은 하나님의 말씀을 저버리고 파멸의 길로 가는 것을 성경에서 분명히 보았습니다.

우리가 하나님께 긍휼을 구해 하나님의 은혜를 입어야 합니다. 굶주린 사마리아 성 사람들은 엘리사 선지자의 말을 듣고 '사실이 아니라도 저렇게 되었으면 좋겠다'는 마음을 가지고 그 말씀대로 이루어지길 기대했습니다. 마음이 가난한 사람들은 하나님의 말씀을 듣고 그런 태도를 갖습니다. '이 말씀대로 되면 좋겠다!' 반대로 마음이 높은 사람은 왕이나 장관처럼 '그게 말이 돼?' 하며 자신의 생각을 나타내고, 자기 판단이 옳다고 여깁니다. 요즘 우리나라가 잘살기 때문에 하나님의 말씀을 부정적으로 생각하는 사람들이 많습니다. 여러분도 하나님의 말씀을 부정적으로 볼 때가 많지 않습니까?

하나님께서 우리를 보고 '의롭다' 하신다

하나님은 우리 눈에 보이지 않기 때문에 성경에서 하나님의 마음을 발견해야 합니다. 그런데 마음이 높으면 성경을 읽어도 하나님의 마음이 안 보입니다. 이해하기 힘든 이야기만 보입니다. 그래서 교회에 다녀도 자기 생각을 가지고 삽니다. 그러나 성경을 읽고 읽고 읽으면 하나님의 마음이 보입니다. 하나님이 나를 위해 예수님을 세상에 보내셨고 예수님이 내 죄를 씻기 위해 십자가에 못 박혀 죽으신 것이 보입니다. 성경에서 그런 하나님의 사랑을 발견하면 성경이 얼마나 좋은지 모릅니다.

몇 번 이야기했지만, 제가 옛날에 소설을 많이 읽었습니다. 재미있는 소설은 두 번 읽고, 세 번째는 재미있는 대목만 골라서 읽었습니다. 그러나 네 번은 읽기 힘들었습니다. 그런데 성경은 열 번을 읽어도 좋고, 백 번을 읽어도 좋습니다. 얼마나 좋은지 말로 다 표현할 수 없습니다.

성경에서 예수님이 나를 위해 십자가에 못 박혀 내 죄의 벌을 대신 받으신 것을 알았습니다. 예수님이 죽으심으로 내 죄가 씻어진 것을 알았습니다. 죄가 다 씻어져서 내가 의롭게 된 것을 알았습니다. 안타깝게도, 오늘 한국에서는 얼마나 많은 교회에서 목사님들이 예수님이 우리 죄를 위해 십자가에 못 박혀 죽었다고 하면서 죄인이라고 가르칩니까?

수많은 교회에서 사람들이 찬송은 "기쁜 날 기쁜 날 주 나의 죄 다 씻은 날"이라고 부르고, 기도할 때는 "주여, 죄인입니다. 용서해 주옵소서." 합니다. 죄가 다 씻어졌다고 했다가 죄인이라고 했다가, 말이 안 되는데도 그렇게 합니다. 정말 잘못된 믿음입니다. 예수님이 우리 죄를 다 씻었기 때문에 우리가 죄인이 아니라 의롭습니다.

우리가 하나님의 말씀을 믿어야 합니다. 그런데 사람들이 성경을 읽어도 그대로 받아들이지 못하고 자기 생각으로 판단해서 죄인이라고 합니다. 그러나 성경은 아주 분명히 말합니다.

"모든 사람이 죄를 범하였으매 하나님의 영광에 이르지 못하더니, 그리스도 예수 안에 있는 구속으로 말미암아 하나님의 은혜로 값 없이 의롭다 하심을 얻은 자 되었느니라."(롬 3:23~24)

우리가 '의롭다' 하심을 얻은 자가 되었습니다. 누가 우리를 보고 '의롭다' 하십니까? 하나님입니다. 하나님이 우리를 보고 '의롭다' 하십니다. 하나님은 공의로우신 재판장이십니다. 죄인에게는 죄가 있다고 하시고, 의인에게는 의롭다고 하십니다. 공의로운 재판장인 하나님이 우리를 보고 의롭다고 하시면 우리가 의로운 것이 맞습니다. 의롭다면 죄가 없습니다. 우리가 헤아릴 수 없이 많은 죄를 지었는데 어떻게 죄가 없습니까? 예수님이 우리 죄의 벌을 다 받아서 죄를 다 씻었기 때문입니다. 그래서 하나님이 우리 죄를 기억하시지도 않습니다.

너희 죄 사해 주사 기억 아니하시네
너희 죄 사해 주사 기억 아니하시네

성경을 읽으면 기가 막힌 내용들이 가득합니다. 성경 속으로 들어가면 말할 수 없이 기쁘고 감사한 말씀들로 가득 차 있습니다.

여러분이 우리 죄가 예수님의 피로 다 씻어졌다는 사실을 몰랐을 때에는 죄인이라고 했습니다. "하나님, 죄를 용서해 주십시오."라고 기도했습니다. 그러나 우리가 죄를 용서해 달라고 구하기 전에 하나님이 우리 죄를 사해 놓으셨습니다. 우리가 이 사실을 마음에 받아들일 때 예수님과 한마음이 됩니다. 그러면 하나님의 성령이 우리 마음에 들어와서 전에 우리가 깨닫지 못했던 성경을 깨닫게 해주십니다.

성령이 성경을 깨닫게 해주시지 않으면 제가 설교를 할 수 없습니다. 제가 하는 설교를 듣고 많은 사람들이 깜짝 놀랍니다. 그것은 제 이야기가 아니라 성령이 깨닫게 해주신 하나님의 말씀이기 때문입니다. 죄를 사함 받는 분야에서는 아무것도 아닌 제가 세계 최고로 인정을 받고 있습니다.

'내 죄가 씻어졌다, 내 죄가 씻어졌어.' 너무 행복합니다. 꿈같습니다. 나는 아무 일도 하지 않았는데 내 죄가 다 씻어졌습니다. 내가 한 일이라곤 도둑질, 거짓말, 나쁜 짓뿐인데 내가 의롭게 되었습니다. 하나님이 내 죄를 사하시고 기억도 하시지 않습니다.

지금도 교회에서 죄인이라고 하는 사람이 많고, 죄인이라고 가르치는 목사님도 많습니다. 그렇게 가르치는 목사님은 주님 앞에 서는 날 큰일 납니다. 여러분이 자신의 생각을 버리고 성경을 믿어야 합니다. 아무리 죄를 많이 지은 사람이라도, 하나님이 의롭다고 하셨기 때문에 '내가 의롭다' 해야 하나님을 믿는 사람입니다. 저도 도둑질하고 거짓말하고 나쁜 짓을 많이 했지만 의롭습니다.

오늘 여러분 가운데 죄인인 사람이 있습니까? 손을 들어 보십시오. 한 사람도 없습니까? 예수님이 우리 죄를 다 씻어 주셨습니다. 죄인이라고 하면 우리 죄를 씻어 주신 예수님을 대적하는 사람이 됩니다.

어디서나 우리 죄가 씻어졌다는 복음을 전했다

저는 60년 전인 1962년에 죄 사함을 받았습니다. 성경을 읽다가 예수님의 피로 내 죄가 다 씻어졌다는 사실을 알았습니다. 제가 선산에서 다니던 교회에서는 매주 토요일 저녁에 주일에 부를 성가 연습을 했습니다. 죄 사함을 받은 뒤, 토요일에 성가 연습을 마치고 앞에 나가 죄 사함 받은 간증을 했습니다. 함께 연습하던 청년들이 제 이야기를 듣고 깜짝 놀랐습니다. 자신들도 죄 때문에 괴로운데 어떻게 하면 죄를 사함 받을 수 있냐고 물었습니다. 그때는 제가 성경을 잘 몰라서 가르쳐 주질 못했습니다.

그 후로도 죄 사함 받아야 한다는 이야기를 청년들에게 계속 했습니다. 그 이야기가 목사님 귀에 들어갔습니다. 목사님도 죄인이라고 하고 장로님도 죄인이라고 하는데 제가 죄가 없다고 하는 것이 용납이 되겠습니까? 어느 주일 예배 광고 시간에, 목사님이 '박옥수 선생은 주일에 차를 탔기 때문에 수찬 정지 처분을 내린다'고 했습니다. 죄를 지어 성찬식에 참여할 수 없다는 것입니다.

그때 목사님의 두 딸이 대구에서 학교를 다녔는데, 토요일에 집에 왔다가 주일에 점심을 먹은 뒤 버스를 타고 대구로 갔습니다. 목사님 두 딸은 주일마다 차를 타고 다녀도 문제가 안 되고 저는 주일에 차를 한 번 탔다고 문제를 삼았습니다. 그날 목사님 이야기를 듣다가 "목사님 따님은요?"라는 말이 목구멍까지 올라왔습니다. 하지만 그렇게 말하면 목사님 입장이 곤란할 것 같아서 말하지 않고 참았습니다. 그때부터 교회에서 나를 따돌리기 시작했습니다. 제가 없는 자리에서 청년들이 저를 비웃었습니다. "박옥수 그 녀석 웃기는 녀석이야. 내가 다 아는데 자기가 의롭다고?" 같이 도둑질하고 나쁜 짓을 했는데 제가 의롭다고 하니 말이 안 되는 소리로 들렸던 것입니다.

저는 성경을 계속 읽었습니다. 읽으면 읽을수록 성경에는 분명히 내 죄가 씻어졌다고 되어 있었습니다. 저는 성경을 믿었습니다. 내 죄가 다 씻어졌다고 믿고, 내가 의롭다고 믿었습니다.

우리 교회에 영어를 유창하게 하는 '심 선생'이라는 분이 있었습니다. 그런데 선산에는 영어를 아는 사람이 없어서 쓸 일이 없었습니다. 그때 미국에서 온 딕 선교사님이 대구에서 활동했는데, 이분이 딕 선교사님을 찾아가 보수를 받지 않고 통역해 주겠다고 했습니다. 그 후로 이분이 딕 선교사님의 통역을 담당했습니다.

그 당시 한국에 많은 선교사들이 들어와 520명의 선교사가 있었다고 합니다. 그들 가운데 죄 사함을 받은 선교사들이 있었습니다. 그들이 한국에 와서 사람들이 신앙생활 하는 것을 보고, 열심히 기도하고 헌신하지만 죄를 사함 받지는 못한 것을 알았습니다. 그래서 '선교학교를 시작해 한국 사람들에게 복음 전할 사람을 기르자'고 의논했습니다.

선교학교가 문을 열고, 딕 선교사님의 통역을 맡은 심 선생님이 선산 교회에도 연락해 주어 제가 선교학교에 들어갔습니다. 그곳에서 신앙 훈련을 받고 압곡동에서 복음을 전하다가 장팔리교회에서 복음을 전했고, 군대에 갔다가 제대하고 김천에서 전도 일을 했습니다. 그 후 대구로 가서 교회를 인도하면서 만나는 사람들에게 우리 죄가 씻어졌다는 복음을 전했습니다.

의롭게 된 사람은 이단, 죄인은 정통?

우리가 잘해서 하나님의 자녀가 되는 축복을 얻은 것이 아닙니다. 우리가 다 은혜로 하나님의 자녀가 되었습니다. 제가 예수님의 피로 의롭게 되었다고 하면 지금도 "의인이 어디 있어요? 성경에서 '의인은 없나니 하나도 없으며'라고 했는데요."라고 하는 사람들이 있습니다. 예, 죄를 짓지 않아서 의로운 사람은 하나도 없습니다. 우리가 다 죄를 지었습니다.

"모든 사람이 죄를 범하였으매 하나님의 영광에 이르지 못하더니" (롬 3:23)

그런데 예수님이 십자가에 못 박혀 우리 대신 죄의 값을 다 지불해 우리 죄를 다 씻어서 우리를 의롭게 하셨습니다.

"그리스도 예수 안에 있는 구속으로 말미암아 하나님의 은혜로 값없이 의롭다 하심을 얻은 자 되었느니라."(롬 3:24)

성경을 읽어도 자기 생각을 가지고 읽으면 한쪽으로 치우칠 수밖에 없습니다. 우리가 죄가 씻어진 사실을 마음에 받아들여서 우리 안에 성령이 들어오시면, 그때부터 전에 몰랐던 성경을 깨달을 수 있도록 성령이 지혜를 주십니다. 저도 구원받은 뒤 성경을 읽을 때 성령이 지혜를 주셔서 우리 죄가 씻어진 사실을 더 분명히 볼 수 있었습니다.

죄를 씻는 일은 우리가 하는 것이 아니라 예수님이 하셨습니다. 제가 예수님이 우리 죄를 씻으신 말씀을 전하며 산 지 60년이 되었습니다. 제가 죄 사함 받은 것이 엊그제 같은데 벌써 60년이란 세월이 흘렀습니다. 세월이 참 빨리 갑니다. 지금은 제가 전 세계에 다니면서 죄 사함의 복음을 전하고 있습니다. 세계 여러 나라에서 기독교 지도자들과 많은 목회자들이 제 설교를 듣고 "우리 같이 일합시다."라고 합니다. "언제든지 우리 교회에 와서 말씀을 전해 주십시오."라고 합니다. 세계 여러 나라 교회에서 저에게 와 달라고 부탁합니다. 이번 집회에도 해외에서 기독교 지도자들이 100명 가까이 오셨습니다. 제가 그분들과 신앙 교제를 나누면서 한없이 행복한 시간을 갖고 있습니다. 전 세계에서 복음을 전하는 목회자들이 일어나 세계 기독교계를 새롭게 바꾸고 있습니다.

한국에서는 아직도 저를 이단시하는 사람들이 있습니다. 죄가 씻어져서 의롭게 된 사람은 이단이고 예수님을 믿어도 죄인인 사람은 정통이라고 하는 것은, 성경을 모르기 때문입니다.

왕이 의지하는 장관은 교만하고 살 만하니까 하나님께서 엘리사 선지자를 통해 하신 말씀을 듣지 않았습니다. 자기 생각을 따라갔습니다. 왕도 자신이 잘나고 똑똑하다고 생각하니까 하나님의 말씀을 마음에 두지 않고 자기 생각을 내보였습니다. 우리는 왕이나 장관이 갔던 길을 가지 말고 하나님의 말씀을 그대로 믿읍시다.

하나님이 '내일 이맘때에 고운 가루 한 스아에 한 세겔 하고, 보리 두 스아에 한 세겔 한다'고 말씀하셨으면, 그렇게 됩니다. 하나님이 우리보고 의롭다고 하셨으면 우리가 의롭습니다. 예수님이 우리 죄를 다 씻어서 우리가 의롭고 거룩하게 되었습니다.

**금이나 은같이 없어질 보배로
속죄함 받은 것 아니요**

거룩한 하나님 어린양 예수의
그 피로 속죄함 얻었네

찬송은 예수님의 피로 속죄함을 받았다고 하고 죄인이라고 한다면 예수님이 너무나 가슴 아파 하실 것입니다. 저도 구원받기 전에는 죄인이라고 하면서 살았지만, 성경에서 내 죄가 다 씻어진 사실을 안 뒤로는 죄인이라고 하지 않았습니다.

"모든 사람이 죄를 범하였으매 하나님의 영광에 이르지 못하더니, 그리스도 예수 안에 있는 구속으로 말미암아 하나님의 은혜로 값 없이 의롭다 하심을 얻은 자 되었느니라."(롬 3:23~24)

이 말씀을 믿으시길 바랍니다. 말씀을 믿으면 우리 마음이 하나님의 마음과 하나가 됩니다. 그러면 우리 안에서 성령이 역사하십니다. 삶 속에서 어떤 어려움이 있어도 예수님 앞에 나아가면 예수님이 도우시는 은혜를 입습니다.

여러분이 죄 사함을 받을 뿐 아니라, 교회에서 말씀을 듣고 배워서 주위 사람들에게도 죄가 씻어진 이야기를 전하십시오.

"예수님이 내 죄를 다 씻었다는 성경 말씀을 믿었더니 성령이 내 안에 오셔서 내가 달라졌습니다. 당신도 이 사실을 믿으십시오."

여러분의 가족과 친척들이 다 죄 사함을 받고 밝은 삶을 살게 되기를 간절히 바랍니다.

08

내가 무엇을 하여야 영생을 얻으리이까?

제 8 장

내가 무엇을 하여야 영생을 얻으리이까?

누가복음 10장 25절부터 읽겠습니다.

"어떤 율법사가 일어나 예수를 시험하여 가로되 '선생님, 내가 무엇을 하여야 영생을 얻으리이까?' 예수께서 이르시되 '율법에 무엇이라 기록되었으며 네가 어떻게 읽느냐?' 대답하여 가로되 '네 마음을 다하며 목숨을 다하며 힘을 다하며 뜻을 다하여 주 너의 하나님을 사랑하고 또한 네 이웃을 네 몸과 같이 사랑하라 하였나이다.' 예수께서 이르시되 '네 대답이 옳도다. 이를 행하라. 그러면 살리라' 하시니 이 사람이 자기를 옳게 보이려고 예수께 여짜오되 '그러면 내 이웃이 누구오니이까?' 예수께서 대답하여 가라사대 '어떤 사람이 예루살렘에서 여리고로 내려가다가 강도를 만나매 강도들이 그 옷을 벗기고 때려 거반 죽은 것을 버리고 갔더라. 마침 한 제사장이 그 길로 내려가

다가 그를 보고 피하여 지나가고 또 이와 같이 한 레위인도 그곳에 이르러 그를 보고 피하여 지나가되, 어떤 사마리아인은 여행하는 중 거기 이르러 그를 보고 불쌍히 여겨 가까이 가서 기름과 포도주를 그 상처에 붓고 싸매고 자기 짐승에 태워 주막으로 데리고 가서 돌보아 주고 이튿날에 데나리온 둘을 내어 주막 주인에게 주며 가로되 "이 사람을 돌보아 주라. 부비가 더 들면 내가 돌아올 때에 갚으리라" 하였으니 네 의견에는 이 세 사람 중에 누가 강도 만난 자의 이웃이 되겠느냐?' 가로되 '자비를 베푼 자니이다.' 예수께서 이르시되 '가서 너도 이와 같이 하라' 하시니라."(눅 10:25~37)

성경을 읽으면 정말 신기한 것이, 성경에서 이야기하는 것과 사람들의 생각이 너무 다릅니다. 오늘 읽은 성경 이야기는, 어떤 율법사가 예수님을 시험하려고 "선생님, 내가 무엇을 하여야 영생을 얻으리이까?"라고 묻는 데에서 시작합니다. 율법사가 한 말이 맞습니까, 틀립니까? 잘못된 질문입니다. 영생은 우리가 무엇을 해서 얻는 것이 아닙니다.

박 이병, 내가 뭐 도와줄 것이 없어요?

제가 입대해 대구 50사단에서 신병 훈련을 받고 원주 통신훈련소로 가서 통신 교육을 받았습니다. 50사단 훈련소에 입소하던 날, 대구 선교센터에서 기도회가 있었습니다. 제가 12시까지 훈련소에 들어가야 했지만, 선교사님들에게 인사하고 가려고 기도회가 끝날 때까지 함께 있었습니다. 기도회가 12시 반에 마쳐, 선교사님 한 분이 늦었다며 저를 승용차에 태워 50사단으로 갔습니다. 원래는 차가 부대 정문을 통과하면 안 되는데 선교사님이 그냥 쑥 들어가버렸습니다. 그날 입소한 청년들이 연병장에 다 모여 있는데 제가 차에서 내려 얼른 대열에 합류했습니다.

저녁이 되어 그 부대에서 근무하는 한 사람이 저를 불렀습니다.

"너, 낮에 자가용 타고 왔지?"

제가 군대에 갈 때만 해도 도지사 정도 되어야 자가용을 타고 다니던 시절이었습니다. 제가 자가용을 타고 갔으니 저를 부잣집 아들로 생각했던 것입니다.

"내가 너를 후방에 보내주기로 했다."

"고맙습니다."

"돈 만 원만 내라."

"만 원이 없습니다."

"7천 원은 있냐?"

"없습니다."

"5천 원은?"

"없습니다."

"그럼 3천 원은?"

"그 돈도 없습니다."

"그럼 얼마 있냐?"

"30원 있습니다."

제가 군대에 간다고 어른들에게 인사하자 돈을 많이 주셨지만 군대에 돈을 가져가지 않기로 마음먹었습니다. 제가 있었던 장팔리교회에 성경이 없는 성도들이 많아 받은 돈으로 다 성경을 사서 우편으로 붙여 주었습니다. 남은 돈 100원으로, 군대에 가면 도장이 필요하다고 해서 70원을 주고 파고 30원을 가지고 있었습니다. 제가 30원을 가지고 있다고 하자 그 사람이 말했습니다.

"네가 백이 있는 모양인데 아무리 백이 있어도 배속 담당인 내가 강원도로 보내면 넌 강원도로 간다. 내가 너는 반드시 강원도에 보낸다."

"고맙습니다."

훈련을 마치던 날, 배속 담당인 그 사람이 제 이름을 제일 먼저 부르더니 '강원도 원주'라고 했습니다.

제가 원주 통신훈련소에서 ROC(Radio Operator Course) 교육을 받았습니다. 16주 과정의 ROC 교육을 대전 통신학교에서 실시하다가 원주 통신훈련소로 옮겨, 우리 기수가 1기여서 우리 위에 선배가 없었습니다. 16주 동안 매주 토요일마다 후배 기수들이 계속 들어왔습니다. 그곳에서는 한 주 먼저 들어온 1기수 선배가 정말 무서운 존재입니다.

한 주 뒤에 후배 기수들이 들어와 제가 내무반에 들어가자 후배들이 잔뜩 긴장한 자세로 저를 맞았습니다.

"차렷!!"

"괜찮습니다. 어제 기차 안에서 잘 잤습니까?"

"예!!"

"조용히 대답해도 됩니다. 여러분 중에 교회에 다니는 사람 손들어 보세요."

그렇게 말하면 매 기수마다 70~80퍼센트는 손을 들었습니다.

"내일 아침에 예배 집합 방송을 하면 나오십시오."

통신훈련소에 예배당이 없어서 예배를 드리러 나온 병사들을 데리고 11월이라 햇빛이 드는 양지에 가서 예배를 드렸습니다.

다음날 "ROC 311기 박옥수 교수 본부로 와라."는 방송이 흘러나와 교수 본부로 갔습니다.

"충성! ROC 311기 박옥수 부름 받아 왔습니다."

교수 본부 책임자, 중위인 교육장교가 저를 보고 말했습니다.

"박 이병, 여기 앉으세요."

군대에서 장교가 사병에게 존댓말을 쓴다는 것은 있을 수 없는 일이었습니다. 주로 쓰는 말이 욕이었습니다.

"박 이병, 군에 오기 전에 무슨 일을 했나요?"

"예, 전도사를 했습니다."

"과연 그러셨군요."

교육장교가 자신이 군대에 오기 전에는 믿음이 좋았는데 군대에 와서 믿음 다 팔아먹고 술을 마시고 담배를 피운다고 했습니다. 그리고 자신이 전날 일직사령이었는데 제가 예배를 드리겠다고 신고하러 와서, 장교인 자신도 하지 못하는 일을 이등병이 하는 것을 보고 깜짝 놀랐다고 했습니다.

"박 이병, 내가 뭐 도와줄 것이 없어요?"

"교육장교님, 예배 드릴 장소가 없는데 교실을 하나 사용하게 해 주시면 좋겠습니다."

"어떤 교실이 좋겠어요?"

"16교장이 좋습니다. 그곳이 넓고 장비들이 없어서 16교장을 주시면 좋겠습니다."

교육장교가 옆에 있던 병사에게 말했습니다.

"야, 박 이병에게 16교장 열쇠를 주어서 일과 후에는 언제든지 쓸 수 있게 해."

그때부터 추운 날씨에 밖에서 예배를 드리지 않고 실내에서 드릴 수 있었습니다. 정말 감사했습니다. 하나님이 저와 함께하시는 것을 믿지 않을 수 없었습니다.

하루는 주일에 예배를 드리러 모여서 제가 설교하고 있는데, 교실 문이 열리더니 통신훈련소 소장님이 들어오셨습니다. 대령인 소장님은 일요일에 부대에 오시지 않는데 그날은 예외였습니다. 제가 설교하다가 소장님을 보고 주춤하니까 소장님이 "너, 종교를 계속해라." 하셨습니다. 제가 설교를 마치자 소장님이 앞으로 나와 "내가 한마디 해도 되냐?" 하셨습니다. 누군데 안 됩니까? 소장님이 말씀하셨습니다.

"너희들이 언제부터 이렇게 모였는지 모르지만 내가 한 번도 보고를 받은 적이 없다."

그렇게 이야기하고 6·25전쟁 중에 있었던 일을 말씀하셨습니다. 당시 보병 중대장이었던 소장님이 백마고지 전투에 투입되었습니다. 백마고지는 전략적으로 너무 중요한 고지여서 아군과 적군이 숱하게 뺏고 빼앗기기를 반복해, 전투에 투입된 병사들이 거의 죽는 곳이었습니다. 전투를 앞둔 전날 밤, 소장님이 중대원들을 둘러보러 다니다

보니 한 병사가 참호 안에서 웅얼거리고 있었습니다.

"야, 너 뭐하냐?"

"중대장님, 기도합니다."

그 이야기에 소장님이 작은 충격을 받았습니다.

"너, 중대장을 위해서도 기도했냐?"

"지금 하겠습니다."

"그래, 기도해라."

그날 밤 소장님이 참호마다 다니며 병사들에게 말했습니다.

"너는 무얼 믿냐? 하나님도 좋고, 부처님도 좋고, 용왕님도 좋으니 기도해라."

병사들이 다 기도했습니다.

이튿날 백마고지를 탈환하기 위해 소장님이 돌격 명령을 내렸는데 그렇게 용감한 군인들을 본 적이 없었다고 합니다. 희생자를 제일 적게 내고 고지를 탈환했습니다.

"그때 내가 종교의 힘을 알았다. 내가 우리 부대에 와서 예배당도 없고 군목도 없어서 섭섭했는데 너희들이 예배를 드리는 것을 보니 기쁘다."

소장님이 저에게 예배당을 짓자고 하셨습니다. 육군 대령과 이등병이 함께 예배당을 지었습니다. 돈이 없으니까, 부대 트럭을 몰고 문막에 가서 모래를 가득 실어 벽돌공장에 가져다주면 벽돌 스무 장을 주었습니다. 그렇게 벽돌을 모으고, 유리와 나무는 1007야공단에서 얻어 예배당을 지었습니다. 소장님이 저에게 정말 고마워하셨습니다.

율법에 무엇이라 기록되었으며 네가 어떻게 읽느냐?

오늘 읽은 성경에서 어떤 율법사가 예수님을 시험하려고 물었습니다.

"선생님, 내가 무엇을 하여야 영생을 얻으리이까?"

그냥 들으면 별 문제 없는 이야기 같지만 잘못된 이야기입니다. 영생은 인간이 무엇을 해서 얻을 수 있는 것이 아니기 때문입니다. 인간은 구원받아야지, 자신이 무엇을 해서는 천국에 갈 수 없습니다. 그리고 구원은 100퍼센트 예수님에 의해 이루어집니다. 오늘날 교회에 다니는 많은 사람들이 신앙생활을 어려워하는 이유가, 자신이 구원을 이루려고 하기 때문입니다. 그러나 구원은 우리 노력으로 이루는 것이 아닙니다.

자신이 노력해서 자신을 구원한다는 것 자체가 말이 안 되는 이야기입니다. 구원은 타인이 나를 건져주는 것입니다. 물에 빠진 사람이 수영해서 물에서 나오면 구원과는 상관이 없습니다. 수영을 못해서 떠내려가고 있는데 누가 건져줘야 구원입니다. 구원받기 위해 열심히 기도하고 성경 읽고 금식하고 회개한다는 것은 잘못된 것입니다.

"너희가 그 은혜를 인하여 믿음으로 말미암아 구원을 얻었나니, 이것이 너희에게서 난 것이 아니요 하나님의 선물이라."(엡 2:8)

구원받는 것은 우리에게서 난 것이 아니라 하나님이 은혜로 주신 선물입니다. 그렇기 때문에 우리 노력이나 수고가 조금이라도 들어간다면 구원받을 수 없습니다. 오직 예수님만 일하셔야 합니다.

"모든 사람이 죄를 범하였으매 하나님의 영광에 이르지 못하더니, 그리스도 예수 안에 있는 구속으로 말미암아 하나님의 은혜로 값 없이 의롭다 하심을 얻은 자 되었느니라."(롬 3:23~24)

이 말씀처럼 우리는 다 죄를 지었고, 하나님의 영광에 이를 수 없었습니다. 그런데 예수님이 우리를 구속하셨습니다. 우리가 지은 죄의 값을 예수님이 대신 지불해 우리를 죄에서 구원하셨습니다. 우리가 아무 것도 한 것이 없이, 하나님의 은혜로 의롭게 되었습니다.

율법사가 무엇을 해야 영생을 얻을 수 있느냐고 물었을 때, 예수님이 이렇게 대답하셨습니다.

"율법에 무엇이라 기록되었으며 네가 어떻게 읽느냐?"

참 재미있는 이야기입니다. 예수님이 율법에 무엇이라 기록되었느냐고 묻지 않으셨습니다. 무엇이라 기록되었고, 그것을 네가 어떻게 읽느냐고 물으셨습니다. 이 말은 율법을 이렇게 읽을 수도 있고 다르게 읽을 수도 있다는 것입니다. 이 사람은 율법을 어떻게 읽었습니까? 예수님에게 뭐라고 대답했습니까?

"마음을 다하며 목숨을 다하며 힘을 다하며 뜻을 다하여 주 너의 하나님을 사랑하고 또한 네 이웃을 네 몸과 같이 사랑하라 하였나이다."

이것이 율법사가 읽은 율법이었습니다. 이렇게 행해서 율법사가 영생을 얻을 수 있겠습니까? 마음과 목숨과 힘과 뜻을 다해 하나님을 사랑하고 이웃을 자기 몸처럼 사랑할 수 있는 사람이 있습니까? 세상에 이런 사람은 없습니다.

율법을 이렇게 읽지 않고 다르게 읽으면 어떻게 읽을 수 있습니까?

"우리가 알거니와 무릇 율법이 말하는 바는 율법 아래 있는 자들에게 말하는 것이니, 이는 모든 입을 막고 온 세상으로 하나님의 심판 아래 있게 하려 함이니라. 그러므로 율법의 행위로 그의 앞에 의롭

다 하심을 얻을 육체가 없나니 율법으로는 죄를 깨달음이니라."(롬 3:19~20)

하나님이 우리에게 율법을 주신 것은 다 지켜서 의롭게 되라고 주신 것이 아닙니다. 죄를 깨달으라고 주셨습니다. 우리가 죄 때문에 하나님의 심판을 받을 수밖에 없다는 사실을 알게 하는 것이, 율법을 주신 하나님의 목적입니다. 율법으로 자신의 죄를 깨달아 하나님의 심판을 받을 수밖에 없다는 사실을 안 사람은, 예수님이 자신을 구원해 주시는 것 외에는 소망이 없습니다.

예수님만 일하셔야 완벽한 구원이 이루어진다

여러분이 비행기 타는 것이 어렵습니까? 전혀 어렵지 않습니다. 여러분이 조종하지 않기 때문입니다. 여러분은 의자에 앉아서 자도 되고, 밥을 먹어도 되고, 책을 봐도 되고, 영화를 봐도 됩니다. 구름이 끼었든 바람이 불든, 비행기를 조종하는 조종사만 애쓰면 됩니다. 요즘은 비행기가 뜨면 컴퓨터에 입력된 프로그램을 따라 비행기가 움직여 조종사도 애쓰지 않는다고 합니다.

구원은 우리가 이루는 것이 아니라 예수님이 이루십니다. 우리가 해야 할 일이 없습니다. 만일 우리가 손을 대면 손댄 만큼 문제가 생깁니다. 조금도 손대면 안 됩니다. 오직 예수님에 의해서만 이루어집니다. 율법사는 구원받아야 할 사람인데, 예수님에게 "내가 무엇을 하여야 영생을 얻으리이까?"라고 물었습니다. 자신이 율법을 지켜서 복을 받을 수 있다고 생각했습니다. 그러나 율법사가 율법을 지키지 못하기 때문에 예수님이 그를 구원해 주려고 세상에 오셨습니다.

율법사는 자신이 율법을 지킬 수 있을 것처럼 말했습니다.

"마음을 다하며 목숨을 다하며 힘을 다하며 뜻을 다하여 주 너의 하나님을 사랑하고 또한 네 이웃을 네 몸과 같이 사랑하라 하였나이다."

예수님이 말씀하셨습니다.

"네 대답이 옳도다. 이를 행하라. 그러면 살리라."

율법대로 행하면 의롭게 되어 영생을 얻습니다. 그러나 그렇게 할 수 있는 사람은 아무도 없습니다. 예수님의 말씀을 듣고 율법사가 물었습니다.

"그러면 내 이웃이 누구입니까?"

누가 이웃인지 가르쳐 주면 그 이웃을 자기 몸처럼 사랑하겠다는 태도로 율법사가 말했습니다. 그때 예수님이 '강도 만난 자' 이야기를 하셨습니다.

어떤 사람이 예루살렘에서 여리고로 내려가다가 강도를 만나 강도들이 그 사람의 옷을 벗기고 때려 거반 죽은 것을 버리고 갔습니다. 거반 죽은 사람이 무엇을 할 수 있습니까? 그냥 누워 있을 수밖에 없습니다. 해가 지면 늑대 무리가 다가올 것입니다. 늑대들이 와서 자신을 뜯어먹어도 이 사람은 할 수 있는 것이 없었습니다. 이튿날 아침에 뼈만 앙상하게 남아 있었을 것입니다. 이것이 이 사람의 운명입니다.

그때 마침 제사장이 그 길로 지나갔습니다. '저 사람이 강도를 만났구나. 도와주어야겠다.' 제사장이 이 마음을 가진 것이 아니라, '이 근처에 강도가 있구나. 잘못하면 나도 저렇게 되겠다.' 하고 급히 피했습니다. 이어서 한 레위인이 그곳을 지나가다가 역시 피해 지나 갔습니다. 세 번째로 선한 사마리아인이 그곳을 지나가다가 강도 만난 자를 보고 그를 구원해 주었습니다.

성경은 이렇게 이야기하고 있습니다.

"어떤 사마리아인은 여행하는 중 거기 이르러 그를 보고 불쌍히 여겨 가까이 가서 기름과 포도주를 그 상처에 붓고 싸매고 자기 짐승에 태워 주막으로 데리고 가서 돌보아 주고 이튿날에 데나리온 둘을 내어 주막 주인에게 주며 가로되 "이 사람을 돌보아 주라. 부비가 더 들면 내가 돌아올 때에 갚으리라" 하였으니"(눅 10:33~35)

선한 사마리아인이 10가지 일을 했습니다. 강도 만난 자를 보았고, 불쌍히 여겼고, 가까이 갔고, 상처에 기름을 부었고, 포도주를 부었고, 싸맸고, 자기 짐승에 태웠고, 주막으로 데리고 갔고, 돌보아 주었고, 주막 주인에게 두 데나리온을 주며 돌봐 주라고 하면서 돈이 더 들면 돌아올 때 갚겠다고 했습니다. 여기에서 강도 만난 자가 한 일은 몇 가지입니까? 아무 것도 하지 않았습니다. 이것이 구원입니다. 우리는 아무 것도 하지 않고 예수님이 다 하셔야 구원입니다.

"너희가 그 은혜를 인하여 믿음으로 말미암아 구원을 얻었나니, 이것이 너희에게서 난 것이 아니요 하나님의 선물이라. 행위에서 난 것이 아니니…."(엡 2:8~9)

구원은 우리 행위에서 난 것이 아닙니다. 우리가 무엇을 해서 구원이 이루어지는 것이 아닙니다. 그러니까 우리 행위가 들어가면 구원은 가짜가 되고 맙니다. 우리가 무엇을 하면 그것은 뭔가 부실합니다. 예수님이 하셔야 완벽합니다. 예수님만 일하셔야 완벽한 구원이 이루어집니다. 선한 사마리아인이 강도 만난 자에게 기름과 포도주를 붓고 싸맸습니다. 포도주는 알코올 성분이 있어서 상처를 소독해 주고 기름은 균이 상처에 들어가지 못하도록 차단해 줍니다. 필요한 처치를 한 뒤 자기 짐승에 태워 주막으로 데리고 가서 돌봐주었습니다.

 이 사실을 알면 구원이 굉장히 쉽습니다. 우리가 십일조를 내거나 십계명을 지켜서 구원받는다는 것은 거짓말입니다. 구원은 오직 예수님이 이루십니다. 구원을 이룰 수 있는 사람은 아무도 없습니다.

아, 예수님의 피가 내 죄를 영원히 씻었구나
예수님이 우리를 구원하는 일을 온전히 이루셨습니다. 히브리서 9장에서 이렇게 이야기합니다.

 "그리스도께서 장래 좋은 일의 대제사장으로 오사 손으로 짓지 아니한, 곧 이 창조에 속하지 아니한 더 크고 온전한 장막으로 말미암아"(히 9:11)

 예수님이 우리 죄를 씻는 속죄제사를 드리셨습니다. 손으로 지은 세상에 있는 성전에서 드린 것이 아니라 하늘나라 성전에서 드렸습니다.

 "염소와 송아지의 피로 아니하고 오직 자기 피로 영원한 속죄를 이루사 단번에 성소에 들어가셨느니라."(히 9:12)

 염소나 송아지의 피가 아닌 예수님이 십자가에서 흘리신 피를 들고 성소에 들어가 단번에 영원한 속죄를 이루셨습니다.

 구약시대에는 이 땅에 있는 성막이나 성전에서 염소를 잡고 양을 잡고 소를 잡아 속죄제사를 드렸습니다. 예수님은 이 세상에 오셔서 십자가에 못 박혀 죽으셨지만, 그 피를 들고 이 땅에 있는 성전에 들어가신 것이 아니라 하늘나라 성전에 들어가셨습니다. 이 세상은 시간계時間界여서 시간이 흘러가 과거가 있고, 현재가 있고, 미래가 있습니다. 하늘나라는 영원계永遠界여서 시간이 흘러가지 않기 때문에, 과거도 없고 미래도 없고 현재만 있습니다. 예수님이 하늘나라 성전에 피를 뿌리셨고, 하늘나라에서는 무엇이든지 영원하기 때문에 우리 죄도 영원히 씻어졌습니다.

여러분이 죄를 지을 때마다 그 죄를 사함 받아야 하는 것이 아닙니다. 영원한 속죄가 이루어져 인간의 모든 죄가 영원히 씻어졌습니다. '아, 예수님의 피가 내 죄를 영원히 씻었구나.' 이렇게 믿을 때 구원이 이루어집니다.

이스라엘 백성들이 이집트의 나일강 하구에 있는 비옥한 땅에서 살았습니다. 아프리카 내륙에서 시작한 나일강은 지중해로 흘러들어 갑니다. 아프리카 내륙에서 나무나 잎 썩은 것 등이 강물을 타고 흘러와 나일강 하구에 쌓여 기름진 퇴적토를 만듭니다. 그 지역에 이스라엘 백성들이 살던 고센 땅이 있었습니다. 그들이 고센에 살다가 모세의 인도를 받아 이집트에서 나와 홍해를 건너 시나이 반도로 들어갔습니다.

그곳에서 하나님이 모세를 시내산으로 불러 십계명이 새겨진 돌판을 주셨습니다. 하나님이 주신 법을 다 지키면 들어와도 복, 나와도 복을 받는다고 하니까 이스라엘 백성이 다 지키겠다고 약속했습니다. 그것이 큰 잘못이었습니다. 지킬 수 없기 때문입니다. 율법이 내려오면서 많은 사람들이 율법을 어긴 죄로 죽임을 당했습니다. 나중에는 나라가 바벨론의 침략을 받아 망하고, 사람들이 포로로 잡혀갔습니다.

인간 가운데 하나님이 주신 법을 온전히 지킬 사람은 하나도 없습니다. 그래서 하나님이 새 언약을 세우셨습니다. 예수님을 세상에 보내 십자가에 못 박혀 죽으심으로 우리 죄가 영원히 씻어지게 하셨습니다. 우리 죄가 씻어지는 것은 구원받을 우리가 이루는 것이 아니라 구원자이신 예수님이 이루십니다. 죄를 씻기 위해 고백해야 하고, 회개해야 하는 것이 아닙니다. 죄는 예수님의 피로 씻습니다. 예수님의 피가 죄를 다 씻었다는 사실을 믿기만 하면 구원을 받습니다.

예수님은 우리를 구원하려고 세상에 오셨고, 우리 죄를 씻기 위해 십자가에 못 박혀 죽으셨으며, 우리를 의롭다고 하려고 부활하셨습니다.

"예수는 우리 범죄함을 위하여 내어줌이 되고, 또한 우리를 의롭다 하심을 위하여 살아나셨느니라."(롬 4:25)

부활하신 예수님이 말씀하십니다.

"내 손의 못 자국을 봐라. 이마의 가시관 자국을 봐라. 옆구리의 창 자국을 봐라. 너희 죄를 씻기 위해 내가 피를 흘린 흔적들이다. 내가 너희를 위해 피 흘려 죽어 너희 죄를 다 사했다."

예수님이 십자가에 못 박히셨을 때 마지막에 "다 이루었다!" 하고 돌아가셨습니다. 우리 죄를 씻는 일을 다 이루셨습니다. 죄가 씻어졌다는 확신을 갖기 위해 눈물이 나거나 몸이 덜덜 떨리거나 뜨거워지는 등의 증거를 찾을 필요가 없습니다. 우리 죄가 다 씻어져서 우리가 의롭게 되었다는 사실을 증거하기 위해 예수님이 손과 발에 못 자국, 옆구리에 창 자국, 이마에 가시관 자국을 남기셨습니다.

하나님이 함께하시는 것보다 좋은 것이 없다

율법사는 '무엇을 해야 영생을 얻느냐'고 예수님에게 물었습니다. 예수님이 율법사에게 "율법에 무엇이라 기록되었으며 네가 어떻게 읽느냐?"라고 되물으셨을 때, 율법사가 "마음을 다하며 목숨을 다하며 힘을 다하며 뜻을 다하여 주 너의 하나님을 사랑하고 또한 네 이웃을 네 몸과 같이 사랑하라 하였나이다."라고 대답했습니다. 예수님이 그렇게 하면 산다고 하시자 율법사가 자기 이웃이 누구냐고 물었습니다. 이웃을 자기 몸처럼 사랑할 수 있는 척했습니다. 예수님이 그에게 강도를 만나 죽어 가는 자를 선한 사마리아인이 구원해 주는 이야기를 해주셨습니다.

사람들은 자기가 선한 사마리아인처럼 살아야 하다고 생각하지만, 이 이야기에 나오는 선한 사마리아인은 예수님을 가리킵니다. 강도 만난 자가 우리 모습입니다. 우리는 구원자가 아니라 구원받아야 할 피구원자입니다. 구원자는 예수님입니다. 강도 만난 자는 아무 것도 하지 않고 선한 사마리아인이 모든 일을 했습니다. 선한 사마리아인이 강도 만난 자에게 가서, 그 사람이 일어나 걷는 것을 옆에서 부축해 주었으면 그것은 구원이 아니라 도움입니다. 예수님은 우리를 도우신 것이 아니라 구원하셨습니다. 우리 힘을 조금도 빌리지 않고 예수님 혼자 십자가를 지셨습니다. 예수님 혼자 우리가 받아야 할 죄의 벌을 다 받으셨습니다. 십자가에서 흘리신 피를 하늘나라에 있는 성소에 뿌려 영원한 속죄를 이루셨습니다.

제가 어릴 때 추석이 되면 송편을 만들었습니다. 어머니와 누나가 콩이나 팥으로 만든 소를 넣어 송편을 만드는 모습을 옆에서 보고 있다가 저도 만들고 싶었습니다. 그래서 하나 만들면 모양이 요상했습니다. 누나가 "옥수 닮았다." 하고 놀렸습니다. 그러면 어머니가 제가 만든 송편을 다시 예쁘게 만들어 주셨습니다. 송편은 어머니가 잘 만들고, 죄를 씻는 일은 예수님이 하셔야 합니다. 그 일을 우리가 하면 할수록 안 좋아집니다. 예수님이 하셔야 완벽하고 온전합니다. 예수님이 그 일을 이미 이루셨습니다.

우리가 죄를 씻기 위해 무엇을 해야 하는 것이 아니라, 이미 씻어 놓으신 것을 믿는 것이 참된 믿음입니다. 저도 구원받기 전에는 죄를 사함 받으려고 정말 애를 많이 썼습니다. 그것은 성경과 다른 잘못된 신앙이었습니다. 제가 성경을 수없이 읽으면서 성경 곳곳에서 우리 죄가 사해진 이야기를 발견할 수 있었습니다. 읽으면 읽을수록 죄가 씻어진 것이 분명했습니다. '내 죄가 사해졌구나. 내 죄가 사해졌어.'

죄 사함을 받으니까 내 안에 성령이 오셔서 나를 이끌어 주셨습니다. 그 후로 박옥수라는 인간이 상상도 하지 못할 일을 하나님이 이루시기 시작했습니다. 제가 1971년에 결혼해 이듬해에 제 아내가 딸을 낳았습니다. 그라시아스합창단의 단장이 제 딸입니다. 1974년에는 아들을 낳았고, 1976년에는 선교학교를 낳았습니다. 1976년부터 선교사를 길러내기 시작해, 지금은 우리 선교회가 세계에서 제일 큰 선교회가 되었습니다. 지구상에 있는 대부분의 나라에 우리 선교사들이 가 있습니다. 이스라엘에도 가 있고, 러시아에도 가 있고….

우리는 선교사를 보내면서 믿음으로 살라고 합니다. 우리 선교사들이 준비된 것이 거의 없이 선교하러 가면, 그 나라에 있던 다른 선교사들이 묻습니다.

"당신도 선교회가 있습니까?"

"있습니다."

"있는데 이렇게 해서 보냅니까?"

브라질에 선교사를 보낼 때의 일입니다. 지금 브라질에서 선교하고 있는, 당시는 젊었던 목사님이 저에게 와서 물었습니다.

"목사님, 저는 브라질 말도 모르고 브라질에 아는 사람도 하나도 없습니다. 어떻게 하면 됩니까?"

브라질까지는 비행기를 타고 가도 시간이 많이 걸립니다.

"비행기를 타고 브라질까지 가면서 비행기 안에서 복음을 전해. 그러면 그 사람이 도와줄 거야."

세계 곳곳에 그렇게 선교사를 보냈습니다. 사람의 눈으로 보면 무모해 보이지만, 하나님이 우리와 함께하시기 때문에 그보다 좋고 안전한 것이 없었습니다. 우리 선교사들이 처음에는 어려움도 겪지만 시간이 흐르면 어느 나라에서나 가장 힘있게 일합니다.

우리가 잘못했기에 예수님이 우리를 위해 일하셨다

죄를 씻는 일은 예수님이 이루십니다. 그 일을 박옥수 목사가 해도 가짜고, 어느 누가 해도 가짜입니다. 오직 예수님만 하십니다. 예수님이 십자가에서 흘리신 피로 우리 구원을 완벽하게 이루어 놓으셨습니다. 우리가 할 일은 '아, 내 죄가 다 씻어졌구나.' 하고 받아들이면 됩니다. 예수님이 이루신 일을 믿으면 구원을 받습니다. 너무 쉬워서 실감이 나지 않을 수도 있습니다. '구원받는 게 이렇게 쉽나?'라는 생각이 들 수 있지만, 그것이 구원입니다. 산에 가서 소나무 뿌리를 붙들고 애절하게 기도해서 어렵게 받는 것은 구원이 아닙니다.

"너희가 그 은혜를 인하여 믿음으로 말미암아 구원을 얻었나니, 이것이 너희에게서 난 것이 아니요 하나님의 선물이라. 행위에서 난 것이 아니니…."(엡 2:8~9)

구원받는 것은 정말 쉽습니다. 돈을 1억 원씩 내야 구원받을 수 있다면 사람들이 정신없이 돈을 모을 것입니다. 그런데 아무 것도 하지 않아도 하나님이 우리 구원을 다 이루어 놓으셨습니다. 예수님이 우리 죄를 다 씻으셨습니다.

여러분이 하나님 앞에서 '내가 잘못해서 구원받을 수 없다'는 소리를 하지 마십시오. 우리가 잘못했기 때문에 예수님이 우리를 위해 일하셨습니다. 죄를 짓지 않으면 구원이 이루어지지 않습니다. 죄가 없는 사람을 어떻게 죄에서 구원합니까? 우리 모두 구원받지 않으면 안 될 만큼 죄를 지었습니다. 우리는 잘못하는 것이 당연합니다. 예수님이 그런 우리를 위해 일하셔서 우리가 아무 한 일 없이 잘되었습니다.

"이 뜻을 좇아 예수 그리스도의 몸을 단번에 드리심으로 말미암아 우리가 거룩함을 얻었노라."(히 10:10)

예수님의 몸이 십자가에 못 박히심으로 말미암아 우리가 거룩해졌습니다.

"제사장마다 매일 서서 섬기며 자주 같은 제사를 드리되 이 제사는 언제든지 죄를 없게 하지 못하거니와 오직 그리스도는 죄를 위하여 한 영원한 제사를 드리시고 하나님 우편에 앉으사"(히 10:11~12)

예수님은 구약시대의 제사장들처럼 자주 제사를 드리는 것이 아니라 영원한 제사를 드리셨습니다. 더 이상 죄를 씻기 위해 제사 드려야 할 필요가 없습니다. 여러분이 섭섭해도 다시 죄가 있을 수 없습니다. 예수님이 이미 씻어 놓으셨습니다. 우리가 깨끗해졌고 거룩해졌습니다. 이렇게 쉬운데 사람들이 못 믿습니다. 자신이 무엇을 하려고 하기 때문에 구원에 이르지 못하는 것입니다.

어떤 사람은 저에게 이렇게 묻습니다.

"목사님, 저는 나쁜 짓만 했습니다. 하나님을 위해서는 한 일이 아무 것도 없는데 그래도 구원이 됩니까?"

예, 됩니다. 예수님이 이미 이루어 놓으셨습니다. 여러분이 태어나기도 전에 다 이루셨습니다.

우리 선교회는 죄 사함 받는 말씀을 전합니다. 죄 사함을 받으면 성령이 임하기 때문에 삶이 변합니다. 우리 마음에 성령이 임하면 변하지 않을 수 없습니다. 구원받은 성도들은 복음 전하길 원합니다. 우리가 이 세상에서 복음을 전하며 잠깐 살다가 하늘나라에 갈 것입니다. 제가 내일 모레면 80살이 됩니다. 복음을 전하면서 살다 보니 어느새 이렇게 나이가 들었습니다. 우리 선교회에는 정년이 없어서 이 나이가 되어서도 이처럼 복음을 전하고 있습니다. 가끔 우리 선교회 목사님들과 이런 이야기를 주고받습니다.

"내가 늙어서 이제 물러나야 하는 것 아닌가?"

"아닙니다. 목사님 아직 안 늙었습니다."

"그럼 내가 젊은가?"

"예, 젊습니다."

"그럼 자네는?"

"저는 어리고요."

죄송하지만, 이렇게 이야기하다 보면 재미가 있습니다. 이유야 어찌되었건 우리가 복음을 전할 수 있다는 것이 하나님 앞에 감사하고 영광스럽습니다.

2천 년 전 예수님이 달리신 십자가에서 우리 죄가 이미 다 씻어졌습니다. 여러분은 아무 것도 하지 않아도 됩니다. 그냥 마음으로 믿기만 하면 됩니다. 전혀 어렵지 않습니다. 구원받은 것을 확인하려고 애쓸 필요도 없습니다. 우리 죄가 씻어졌다고 성경에 분명히 기록되어 있습니다. 그것을 믿으면 됩니다. 믿으면 그때부터 성령이 여러분 속에 능력으로 일하십니다.

09

예수께서 손가락으로 땅에 쓰시니

제 9 장

예수께서 손가락으로 땅에 쓰시니

요한복음 8장 1절부터 읽겠습니다.
"예수는 감람산으로 가시다. 아침에 다시 성전으로 들어오시니 백성이 다 나아오는지라. 앉으사 저희를 가르치시더니 서기관들과 바리새인들이 간음 중에 잡힌 여자를 끌고 와서 가운데 세우고 예수께 말하되 '선생이여, 이 여자가 간음하다가 현장에서 잡혔나이다. 모세는 율법에 이러한 여자를 돌로 치라 명하였거니와 선생은 어떻게 말하겠나이까?' 저희가 이렇게 말함은 고소할 조건을 얻고자 하여 예수를 시험함이러라. 예수께서 몸을 굽히사 손가락으로 땅에 쓰시니 저희가 묻기를 마지아니하는지라. 이에 일어나 가라사대 '너희 중에 죄 없는 자가 먼저 돌로 치라' 하시고 다시 몸을 굽히사 손가락으로 땅에 쓰시니 저희가 이 말씀을 듣고 양심의 가책을 받아 어른으로 시작하여 젊은이까지 하나씩 하나씩 나가고 오직 예수와 그 가운데 섰는 여자만 남았더라. 예수께서 일어나사 여자 외에 아무도 없는 것을 보시고 이르시되 '여자여, 너를 고소하던 그들이 어디 있느냐? 너를 정죄한 자가 없느냐?' 대답하되 '주여, 없나이다.' 예수께서 가라사대 '나도 너를 정죄하지 아니하노니 가서 다시는 죄를 범치 말라' 하시니라."(요 8:1~11)

목사님, 우리가 왜 이혼한지 아십니까?

한번은 우리 교회에 젊은 부인이 찾아왔습니다. 그 후 교회에 몇 번 나오는 동안 복음을 듣고 죄 사함을 받았습니다. 하루는 그 부인이 저에게 이렇게 말했습니다.

"목사님, 저는 2년 전에 이혼했습니다."

"왜 이혼을 했어요?"

"남편하고 성격이 너무 안 맞아서요."

"성격이 안 맞으면 이혼해요?"

"목사님이 몰라서 그래요. 우리 남편하고 살아 보세요. 진절머리가 나요."

"내가 왜 자매님 남편하고 살아요, 내 아내하고 살지."

제가 그 부인에게 물었습니다.

"남편이 다른 사람과 재혼했어요?"

"안 했습니다."

"그러면 두 사람이 다시 합하세요."

정말 감사하게도 그 부인이 제 이야기를 받아들여 주었습니다.

"목사님, 그렇게 할게요."

그 후 몇 과정을 거쳐 두 사람이 다시 합쳤습니다. 나중에 남편이 저에게 말했습니다.

"목사님, 우리가 왜 이혼한지 아십니까?"

"성격이 안 맞아서 이혼했다면서요."

"아닙니다. 저는 너무 잘나서 저 여자 없이도 얼마든지 행복하게 살 자신이 있었습니다. 그런데 제 아내는 저보다 다섯 배는 더 잘났습니다. 그래서 우리는 이혼할 수밖에 없었습니다."

"그런데 그동안 왜 재혼은 하지 않았어요?"

"이혼할 때에는 감정이 격해서 아이들은 생각도 못하고 그렇게 했습니다. 그런데 이혼하고 나니 아이들에게 너무 미안했습니다. 그 상황에서 제가 새엄마를 데리고 오면 아이들에게 더 고통스러울 것 같아서 재혼은 도저히 할 수 없었습니다."

부부가 각기 혼자 지내고 있어서 다시 합할 수 있었습니다. 두 사람이 합친 뒤에는 가족이 정말 행복하게 살았습니다.

목사님! 목사님! 제 이야기 좀 들어보세요

한번은 제가 교회에서 설교를 마치고 내려오는데 한 젊은 부인이 저를 불렀습니다.

"목사님! 목사님!"

"왜 그러세요?"

"제 이야기 좀 들어보세요."

이 부인은 처녀 시절에 공대 건축학과를 졸업하고 건축 기사 자격증을 가지고 있었습니다. 그때 꿈이 있었는데, 죽기 전에 지구 위에 자기 이름으로 된 멋진 건축물을 하나 남기는 것이었습니다. 그렇게 하기 위해 유명한 건축물들도 가서 보고, 건설회사에 취직해 일도 열심히 했습니다.

한번은 회사에서 짓고 있던 빌딩의 건축 과정을 감독하는 일을 맡았습니다. 기술자들과 인부들이 하루 동안 일을 마치고 돌아가면, 남자 상사와 함께 작업된 부분이 설계도대로 되었는지 검사하는 일이었습니다. 하루는 8층을 검사하고 7층으로 내려왔는데 남자 상사가 갑자기 이 아가씨를 끌어안았습니다. 그 건물에는 두 사람 외에는 아무도 없어서, 아가씨가 몸부림을 쳤지만 강간을 당하고 말았습니다.

너무 분해서 당장 고발하러 경찰서에 가려고 했습니다. 그런데 경찰에 고발하면 자신이 강간 당한 것을 사람들이 알게 된다는 사실이 발목을 잡았습니다. '이 일이 소문나면 어떤 남자가 나와 결혼하려고 할까?' 고민을 많이 했습니다. 결국 고발하는 것이 손해가 더 크다는 결론을 내리고 포기했습니다.

분한 마음을 가라앉히고 일상으로 돌아가려고 마음을 잡고 다시 열심히 일하며 지냈습니다. 그런데 평소 생리가 일정하지 않아서 잘 몰랐는데, 몇 달이 지나면서 몸이 이상해진 것을 느꼈습니다. '아닐 거야, 아닐 거야' 했지만 테스트해 보니 임신이 되었습니다. '내 인생에 왜 이런 일이 생기지?'

유산해야겠다고 마음먹었습니다. 아이를 지우려고 차를 타고 병원으로 가는데 이상한 일이 일어났습니다. 아무에게도 말하지 않고 혼자 가고 있는데, 뱃속에 있는 아이가 그 사실을 아는지 발로 배를 계속 찼습니다. 이 아가씨가 속으로 말했습니다.

'나는 너를 원하지 않았어. 난 내 인생을 살아야 돼. 내가 지금까지 해온 일들이 있고 내가 이뤄야 할 꿈이 있어. 네가 태어나면 내가 원하는 길을 걸을 수 없어.'

그런데도 아이가 계속 발길질을 해 도저히 병원으로 갈 수 없어서 집으로 다시 돌아왔습니다. 어떻게 해야 할지 며칠을 고민했습니다. 아무리 생각해도 아이를 낳아서 기른다는 것이 말이 안 되는 것 같았습니다.

'안 돼. 안 돼. 난 네가 필요치 않아. 난 너를 원하지 않았어. 넌 내 뜻과 상관없이 생겼어.'

여자는 다 같은 여자가 아닙니다. 여자가 아이를 가지면 그냥 여자가 아니라 엄마가 되어 갑니다. 엄마가 되면 처녀 때에는 상상도 하지 못했던 아이를 향한 사랑이 마음에서 쏟아져 나옵니다. 이 아가씨가 아이가 태어나는 것을 원하지 않지만, 마음에서 자꾸 아이에 대한 생각이 났습니다. 그리고 어느 날 마음에서 결정했습니다.

'그래, 아가야. 나 잘 살자고 너를 죽인다니, 말이 안 되지. 엄마가 널 낳을게. 낳아서 잘 길러 줄게. 건강하게 태어나거라.'

마음을 바꾸고 그날부터 삶을 정리했습니다. 먼저 회사에 사표를 냈습니다.

"왜 갑자기 사표를 내요?"

"그럴 일이 있습니다."

웃으면서 회사를 그만두었습니다. 살던 곳에서 멀리 떠나, 자기를 아는 사람들이 없는 곳으로 가서 그동안 모아둔 돈으로 조그마한 집을 하나 샀습니다. 생활비가 필요하니까 미용 기술을 배워 미장원에 다니면서 월급을 조금 받고 일을 시작했습니다.

시간이 흘러 어느덧 아이를 가진 지 열 달이 되어 새 생명이 태어났습니다. 정말 잘생긴 아들이었습니다. 여자가 행복했습니다. 아침이 되면 아이를 업고 미장원에 가서 빈 방에 뉘어놓고 일을 했습니다. 아이가 울면 가서 젖을 먹이고 다시 일을 했습니다. 미장원에서 받는 돈이 많지는 않았지만 아이로 인해 여자가 행복하게 지냈습니다. 자신이 조금이나마 아이를 위할 수 있다는 것이 여자에게 소중한 행복이었습니다.

그렇게 자리를 잡아갈 무렵, 다른 일이 생기기 시작했습니다. 어떤 남자를 우연히 만나 조금씩 가까워졌습니다. 하루는 그 남자와 식당에서 식사를 했는데, 음식을 먹으면서 남자가 말했습니다.

"아줌마, 나는 아줌마가 이해가 안 가요. 왜 그렇게 고생하면서 살아요? 고생 안 하고 편히 살 수 있는데…."

따뜻한 말로 자기를 위해 이야기해 주는 남자가 고마워서 물었습니다.

"어떻게 하면 그렇게 살 수 있는데요?"

"가지고 있는 돈이 있어요?"

"왜요?"

"우리 회사에 투자해요. 이자를 많이 줄게요."

듣기만 해도 이상한 이야기라는 것을 금방 알 수 있습니다. 은행에서 싼 이자로 돈을 빌릴 수 있는데 왜 이자를 많이 주면서 돈을 쓰려고 하겠습니까? 은행에서 빌릴 수 없으니까 이자를 많이 주겠다고 하는 것입니다. 그렇다면 회사가 정상이 아니라는 사실을 한눈에 알 수 있는데, 이 부인은 그것을 알지 못해 그 남자를 믿었습니다. 은행에 가서 자기 집을 담보로 돈을 빌릴 수 있는 데까지 빌려서 남자에게 건네주었습니다. 남자가 계산하더니 매달 받을 이자가 얼마인지 이야기해 주었습니다. 자기 월급보다 몇 배나 많은 돈이어서 너무 좋았습니다.

"매달 5일에 아줌마 통장으로 이자를 넣어 줄게요."

이 부인이 '아, 이젠 좀 편하게 살겠구나. 매달 그 정도 이자가 들어오면 살 만하겠다.' 하고 기뻤습니다. 며칠 후, 무엇을 물어보려고 남자에게 전화를 했는데 받질 않았습니다. 나중에 알고 보니, 그 남자가 자신이 준 돈을 가지고 해외로 도망가버렸습니다.

어렵게 자리를 잡은 삶이 다시 무너져버렸습니다. '내 인생은 왜 이럴까?' 밤에 자려고 누우면 너무 괴로워서 생각이 꼬리에 꼬리를 물고 이어져 잠을 잘 수 없었습니다. 다음날 일하려고 억지로 잠을 청해도 생각이 끊이지 않고 떠올랐습니다. '은행에 이자를 내지 못하면 어떻게 되지?' '집을 빼앗기면 어떻게 살지?' 겨우 10분 자다가 깨고, 많이 자면 30분 잘 수 있었습니다.

사람이 잠을 자지 않으면 살이 찐다고 합니다. 날씬했던 몸매가 점점 변해가기 시작했습니다. 몸무게가 자꾸 늘어났습니다. 60kg, 70kg, 80kg, 90kg, 100kg…. 거울을 보면 자신이 돼지 같았습니다. 아무리 생각해도 문제를 해결할 수 있는 길이 보이지 않았습니다. '내가 어쩌다 이렇게 됐지?' 그래서 결정을 내렸습니다. 아이를 친정에 잠시 데려다 놓고, 방문을 걸어 잠갔습니다. 칼로 동맥을 끊으면 죽는다는 이야기를 들은 적이 있어서 왼손 동맥을 끊기로 했습니다. 그런데 동맥이 어디에 있는지 알지 못해 칼로 왼쪽 손목을 마구 그었습니다. 이 부인이 피투성이가 되어 죽어가고 있었습니다. '내가 이렇게 비참하게 죽는구나….' 생각하다가 정신을 잃었습니다.

이 부인의 친정아버지가 그 집에 온 적이 없는데 그날 딸 집을 찾아왔습니다. 문이 잠겨 있어서 두드리며 소리쳤습니다. "문 열어!" 불안한 마음에 유리창을 깨고 들어가서 보니 딸이 죽어가고 있었습니다. 119에 전화해 앰뷸런스가 달려와 딸을 싣고 병원으로 갔습니다.

다행히 딸이 살았습니다. 그런데 동맥을 끊는다고 칼로 왼손을 마구 그어 신경이 끊어져서 왼손을 쓸 수 없게 되었습니다. 이제는 미장원 일도 할 수 없었습니다. 살아야 하니까 어느 백화점에 가서 매니저에게 자신의 사정을 이야기하고 일거리를 달라고 부탁했습니다. 매니저가 이 부인이 너무 불쌍해서 일을 시키고 싶은데 할 만한 일이 없었습니다. 그래서 상품을 팔고 남은 빈 박스들을 정리하는 일을 시켰습니다. 왼손은 쓰지 못하니까 오른손으로 박스를 끌고 와서 한쪽 구석에 쌓아두는 일을 했습니다. 그렇게 일하고 적은 돈을 받아 근근이 살았습니다.

멋진 인생을 꿈꾸었지만 모든 게 무너진 뒤, 어느 날 이 부인이 우리 교회에 나오는 성도와 만나 이야기를 나누었습니다. 그 성도가 말했습니다.

"아줌마, 너무 안됐네요. 죄 사함을 받으세요."

"난 힘 드는 건 못 해요."

"힘 안 들어요."

"힘 안 드는 게 어디 있어요?"

"있어요. 이야기를 좀 들어봐요."

그렇게 이야기를 주고받다가 복음을 듣고 죄 사함을 받았습니다. 예수님이 자기 죄를 다 씻어 주신 것이 마음에 믿어졌습니다. 그날 이 부인이 처음으로 두 시간을 잤습니다. 하루에 잠을 15분, 20분 자다가 두 시간을 자니까 기분이 너무 상쾌했습니다. 말할 수 없이 기뻤습니다. 그래서 그 주일에 교회에 와서 저를 불렀던 것입니다.

"목사님! 목사님!"

"왜 그러세요?"

"제 이야기 좀 들어보세요."

그날 이 부인이 저에게 자신이 겪었던 일들을 이야기했습니다. 이제 행복하다고 했습니다. 정말 감사했습니다.

아들을 내주신 하나님이 무엇을 아끼시겠는가?

하루는 예배를 마친 뒤 이 부인이 또 저를 불렀습니다.

"목사님! 목사님!"

"자매님, 왜요?"

"제 이야기 좀 들어보세요."

그날도 자신에게 일어난 행복한 일을 이야기했습니다. 이 부인이 은행에서 대출받은 돈을 갚지 못해 빚이 많았습니다. 하루는 은행 담당 직원이 이 부인 집에 와서 돈을 갚을 수 있는 힘이 전혀 없는 것을 보고는, 빚을 갚으라는 말을 더 이상 하지 않았습니다. 그렇게 지내던 어느 날, 이 부인에게 큰돈이 생겼습니다. 은행 빚에 비하면 비교할 수 없이 작은 돈이지만, 그 돈을 들고 은행에 가서 담당 직원에게 주었습니다. 그 직원이 돈을 받고 깜짝 놀라면서 말했습니다.

"아줌마, 저를 따라오세요."

"어디 가는데요?"

"잠깐 따라오세요."

그 직원이 이 부인을 데리고 지점장실로 갔습니다.

"지점장님, 이 아줌마가 우리 은행에서 대출을 받았지만 갚을 수 없었던 분입니다. 그런데 오늘 돈을 이만큼 가지고 왔습니다."

지점장님이 이 부인에 관련된 서류들을 살펴보더니 이렇게 말했습니다.

"아줌마, 고맙습니다. 이걸로 아줌마 빚을 전부 갚은 것으로 해드리겠습니다."

이 부인이 말할 수 없이 감사했습니다.

하루는 이 부인이 저를 또 불렀습니다.

"목사님! 목사님!"

이제는 서로 많이 가까워져서 딸같이 여겨져 제가 편하게 말했습니다.

"또 왜? 무슨 일인지 이야기해 봐."

이 부인이 며칠 전 밤에 자다가 왼쪽 손목이 견딜 수 없을 만큼 아파서 밤새 울었다고 했습니다. 다음날 아침에 병원에 가서 무슨 문제인지 검사를 받는데 의사가 깜짝 놀라면서 말했습니다.

"아줌마, 기적이 일어났어요. 끊어졌던 신경이 붙었어요."
쓰지 못했던 왼손을 사용할 수 있게 되어 정말 기뻐했습니다.

이야기를 하나만 더 하겠습니다. 하루는 이 부인에게서 전화가 왔습니다.
"목사님, 우리 집에서 구역예배를 드리는데 꼭 오세요."
"나, 자매 집 모르는데?"
"제가 주소를 보내드릴 테니 내비게이션에 입력하고 찾아오세요."
보내준 주소로 차를 타고 찾아갔습니다. 집이 아파트 2층이었습니다. 이 부인이 울면서 이야기했습니다.
서초구청에서 아주 낡은 아파트를 사서 좋은 건축가들에게 수리를 의뢰해 리모델링한 뒤, 서초구에 사는 어려운 사람들에게 돈을 조금만 받고 분양하는 사업을 했답니다. 이 부인이 거기 신청해서 당첨되었습니다. 처음 당첨된 집은 지하 1층이었습니다. 그런데 2층에 들어올 사람이 무슨 일이 생겨 입주를 취소해, 이 부인이 2층으로 올라왔다고 했습니다.
하나님의 손길이 이 부인과 함께 있으면서 그 삶을 이끌어 주는 것을 볼 수 있었습니다. 이 부인이 구원받은 뒤 삶이 달라지고 행복해지는 것을 보았습니다.

여러분이 어떤 사람이든지 하나님과 교류가 되면, 여러분이 어렵거나 곤고할 때 하나님이 새 마음을 주시고 새로운 길로 이끌어 가십니다. 제가 목사가 되어, 하나님이 우리 교회 성도들의 삶을 이끌어 주시는 것을 보면 말할 수 없이 기쁘고 행복합니다. 저는 목사가 안 되는 사람들이 이해가 안 됩니다. '이 좋은 목사를 안 하고 무슨 재미로 사나?'

불행했던 사람이 예수님을 믿고 죄 사함을 받으면 그 불행을 예수님이 다 가져가십니다. 예수님의 마음과 우리 마음이 흘러서 하나가 되었기 때문입니다. 교회에 찾아온 사람들 가운데 성경을 잘 모르면서 아는 척하고 말씀을 믿지 않으려고 하는 사람들이 있습니다. 그런 사람을 보면 '그래, 알아서 해라. 나는 못났고 당신은 잘났다.' 하고 화가 납니다. 예수님과 마음이 흐르지 않으면 예수님의 도움을 전혀 받을 수 없기 때문입니다.

성경에서 예수님의 마음을 발견해서 예수님의 마음과 우리 마음이 흐르기 시작하면 이전에 갖지 않았던 마음이 우리 속에서 일어납니다. 저는 그런 경험을 셀 수 없이 많이 했습니다. 그런 이야기를 하려면 밤이 새도록 해도 다 못 합니다.

요한복음 3장 16절에서 **"하나님이 세상을 이처럼 사랑하사 독생자를 주셨으니"**라고 했습니다. 이 자리에 계신 부인들에게 "꼭 필요하니 당신 아들을 주십시오." 하면 누가 주겠습니까? 하나님은 세상을 얼마만큼 사랑하셨느냐면, 하나밖에 없는 아들을 우리 대신 십자가에 못 박혀 죽게 내주셨습니다. 하나님의 그 사랑이 얼마나 큽니까! 아들을 내주신 하나님이 우리를 위해 무엇을 아끼시겠습니까? 무엇을 마다하시겠습니까? 사람들이 잘난 척하고 성경을 잘 모르면서도 아는 척하느라 죄 사함을 받지 못해서 하나님의 큰 축복을 누리지 못하는 것입니다. 누구든지 정확히 죄 사함을 받아 하나님과 한마음이 되면 삶에 놀라운 일들이 시작됩니다. 하나님이 저에게 행하신 일들, 우리 교회 성도들에게 행하신 일들이 얼마나 많은지 다 이야기할 수 없습니다.

제가 목사로서 죄에 매여 괴로워하는 사람을 보면 '저 사람 구원받으면 좋겠다'는 마음이 일어납니다. 그 사람이 아직 구원받지 않았지만, 곧 구원받아서 변할 것을 생각하면 너무 좋습니다. 제가 설교하기 위해 교회 강대상에 서면 우리 교회 성도들이 보입니다. 한 사람 한 사람 쳐다보면 정말 즐겁습니다. '저 형제는 구원받기 전에 너무 어렵게 살았는데 지금은 저렇게 행복하게 사는구나.' '저 자매는 힘든 일이 있었는데 다 이기고 즐겁게 사는구나.' 성도들을 보고 있으면 마음이 흐뭇해집니다.

주님, 나 같은 인간이 뭐라고 집을 마련해 주십니까?
요한복음 8장은 **"예수는 감람산으로 가시다."**로 시작합니다. 예수님은 머물 집이 없어서 밤이 되면 감람산으로 가셨습니다.

제가 대전에서 서울로 올라와 좋은 집에서 살았습니다. 그 집에는 방이 네 개, 화장실이 세 개가 있었습니다. 그 집에 살면서 '예수님이 계실 때 이 집이 예루살렘에 있었으면 얼마나 좋았을까?'라는 생각을 했습니다. 방이 네 개니까 예수님이 하나를 쓰시고, 열두 제자가 네 명씩 한 방을 쓰면 복잡하긴 해도 너무 좋을 것 같았습니다. 예수님이 주무시고 아침에 일어나 샤워하고 나가시면 정말 좋았겠다는 생각을 했습니다.

제가 김천에서 복음을 전할 때 한번은 어려운 일을 당했습니다.

그때 우리가 20만 원을 주고 어느 집을 전세로 얻어 지냈습니다. 그런데 집주인이 노름으로 재산을 다 날리고 말았습니다. 어느 날 주인집이 텅 비어 있었습니다. 밤에 도망간 것입니다. 문제는, 노름할 돈을 마련하려고 우리가 전세로 살던 집도 은행에 담보로 잡히고 대출을 받아 집이 은행에 넘어가고 말았습니다. 며칠 후, 국민은행 지점장이 저를 찾아왔습니다.

"박 형, 이 집에 대해서 압니까?"

"예, 이야기는 조금 들었습니다."

"이 집은 이제 은행 겁니다. 집을 비워줘야 합니다."

그 집에서 나가야 했지만 돈이 한 푼도 없어서 갈 곳이 없었습니다. 그 문제를 두고 매일 기도했습니다. 집회에 갔다가 집에 돌아오면 새벽마다 일어나 집을 위해 기도했습니다. 하루는 기도하고 있는데 '너, 기도만 하지 말고 시내에 있는 집을 한번 알아보러 나가라.'라는 마음이 들었습니다. 그래서 나가서 둘러보니 가까운 곳에 2층 건물이 전세로 나와 있었습니다. 전세 20만 원이었습니다. 돈이 전혀 없었던 저로서는 꿈도 꾸지 못할 건물이었습니다.

집회가 계속 있어서 바쁘게 지내다가 석 달쯤 지나 새벽에 기도하는데 '너, 전에 보았던 집이 어떠냐?'라는 마음이 들었습니다. '그 집 너무 좋죠.' 하지만 우리에게는 너무 비싸고, 또 건물이 좋아서 '벌써 나갔을 텐데…'라는 생각이 들었습니다. 당시에는 김천에 미용학원, 양재학원 등이 많아서 그런 학원을 하기에 아주 좋은 건물이었습니다. 벌써 나갔을 거라는 생각으로 가서 보니 아직도 세를 놓는다고 되어 있었습니다. 건물 안으로 들어가니 아이들만 있었습니다.

"어른은 안 계시냐?"

"예, 아버지 밖에 나가셨어요."

"내가 이 건물 2층을 얻으려고 하는데, 아버지에게 저녁에 다시 온다고 말씀드리거라."

그날 저녁에 다시 찾아가서 건물 주인을 만났습니다. 제가 이야기했습니다.

"저는 하나님의 종입니다. 이 도시에 복음을 전하러 왔는데, 한 시민이 저에게 해를 끼쳐 전세금 20만 원을 못 받게 되었습니다. 은행에서는 자꾸 집을 비워 달라고 하는데 제가 갈 곳이 없습니다. 그래서 하나님께 집을 위해 기도했는데 하나님이 이 집을 주시겠다는 마음이 들었습니다. 저는 돈이 없습니다. 이 집을 저에게 주십시오. 그러나 동정하지는 마십시오. 이 집이 아니더라도 하나님이 집을 주실 줄 믿습니다."

누가 들어도 미친 소리인데, 건물 주인이 제 이야기를 듣고는 눈을 감았습니다. 한참 동안 눈을 감고 무엇을 생각하는 것 같았습니다. 그러더니 눈을 뜨고 입을 열었습니다.

"나는 시내 지좌동에 있는 지좌교회 장로올시다. 하나님이 나에게 국도변에 좋은 건물을 주셨습니다. 이 건물을 하나님의 종이 쓰겠다고 하는데 어떻게 안 된다고 하겠습니까? 쓰십시오."

이야기를 들으면서도 잘 믿어지지 않았습니다. 마침 주인아저씨 따님이 안방에서 피아노로 찬송가를 치는데 내가 천국에 있는 것 같았습니다. 정말 감사한 마음으로 주인과 이야기를 주고받다가 돌아가려고 일어서는데 주인이 말했습니다.

"이사 올 때 맨손으로 오면 서로 어색하지 않겠습니까? 얼마를 준비할 수 있겠습니까?"

전혀 생각지 않았던 말을 듣고는 저도 모르게 "8만 원."이라고 했습니다. 말해 놓고 제가 당황했지만 이미 말한 뒤여서 어떻게 할 수 없었습니다.

"됐습니다. 오십시오."

일주일 안에 8만 원을 마련해야 했습니다. 당시에 8만 원이면 큰돈이었습니다. 먼저 국민은행 지점장을 찾아갔습니다.

"지점장님, 이번 토요일에 집을 비워 드리겠습니다. 와서 인계를 받으십시오."

"박 형, 내가 이 일을 그만두고 국회의원에 나가려고 하는데 젊은 사람 앞길을 막는 것 같아서 많이 괴롭습니다."

지점장이 이렇게 이야기하고 잠시 기다리라고 하더니, 금고 문을 열고 돈을 세어 제 주머니에 넣어 주었습니다.

"지점장님, 고맙습니다."

얼마인지 정말 궁금했습니다. 은행을 나와 골목을 돌아서서 얼른 꺼내 세어 보았습니다. 만 원이었습니다. 이제 7만 원이 남았습니다.

오후에 우리 집에 아주머니 한 분이 "이 집이 맞을 텐데…" 하며 들어왔습니다. 우리가 김천에서 처음 집을 구할 때 그 아주머니 집을 얻으려고 계약금으로 5만 원을 걸었다가 도중에 조건이 맞지 않아 해약했습니다. 그런데 돌려주기로 한 계약금을 받지 못했습니다. 한번은 계약금을 받으러 그 집에 갔더니, 아주머니가 돈이 하나도 없다면서 장롱이나 장독을 가져가라고 했습니다. 그 집에서 돈을 받으려고 하면 마음만 상하겠다는 생각이 들어서 잊어버리기로 했습니다. 그런데 그 아주머니가 찾아온 것입니다.

"돈이 생겼는데 집에 가지고 가면 어느 빚쟁이 손에 들어갈지 몰라 이리로 바로 왔습니다. 선생님 돈은 갚아야 할 것 같아서요."

아주머니가 4만 원을 가지고 왔습니다. 이제 5만 원이 되었습니다. 그때 제 친구가 저에게 전화를 했습니다.

"내가 자네가 어렵다는 이야기를 들었다. 나도 사업 시작하고 돈에 여유가 없다가 마침 노는 돈이 2만 원이 있으니 우선 쓰고 나중에 형편 되면 갚아라. 못 갚으면 또 어떡하겠냐?"

부리나케 가서 2만 원을 가지고 왔습니다. 7만 원이 되어 이제 만 원만 마련하면 되었습니다. 제가 복음을 위해 같이 일하던 사람들을 불러서 가지고 있는 돈을 다 내놓으라고 하여 10원짜리까지 다 모으니 만 원이 조금 안 되었습니다. 나머지 돈을 마련해 만 원을 채워서, 일주일 사이에 8만 원이 다 마련되었습니다.

이사하던 날, 함께 지내던 사람들에게 이사를 부탁하고 저는 전도하러 갔습니다. 어느 집에 가서 오랫동안 복음을 전했습니다. 오후 늦게 그 집에서 나오려고 하니 비가 부슬부슬 내렸습니다. 주인아주머니가 "우리 집에 우산이 없는데 어떡하죠?" 하시는데, 비를 좀 맞고 싶었습니다. 괜찮다고 하고, 성경을 옷 안에 넣은 뒤 비를 맞으며 걸어가면서 생각했습니다.

'주님, 당신은 세상에 계실 때 집 한 채, 방 한 칸 없이 사셨잖아요. 이렇게 비가 오는 날에는 어느 처마 밑에서 비를 피하셨습니까? 찬바람이 부는 날에는 어디에서 그 바람을 피하셨습니까? 주님은 하루 종

일 말씀을 전하시고 감람산에 가서 밤을 지새우셨는데, 나 같은 인간이 뭐라고 집을 마련해 주십니까?'

눈물을 흘리며 새로 이사한 집으로 갔습니다.

복음을 전하다 보면 어려움도 있지만 하나님이 항상 저와 같이 계셨습니다. 저는 한번씩 조용한 시간에 '주님, 왜 날 사랑하셨습니까?' 하고 생각합니다.

제 친구 가운데 천충남이라는 친구가 있었습니다. 저는 성격도 까다롭고 못됐는데 충남이는 성격이 아주 좋아서 친구들이 다 충남이를 따랐습니다. 한번은 한 친구가 내 물건을 부러뜨려서 제가 화가 났습니다.

"옥수야, 미안하다."

"야, 미안하다면 다야?"

충남이가 그 광경을 보고 다가와 말했습니다.

"옥수야, 친구끼리 뭘 그러냐? 내 거 너 줄게. 내 것이 네 것보다 좋아."

저는 속이 좁고 충남이는 마음이 넓어서 기가 팍팍 죽었습니다. 충남이는 키도 크고 인물도 좋았습니다. 제가 목사가 된 후 한번씩 이런 생각을 했습니다.

'나 말고 충남이가 우리 교회 강대상에 서서 설교를 하면 얼마나 좋을까? 키도 크고 인물도 좋고 성격도 좋아서 성도들이 얼마나 좋아할까?'

어느 날 고향에 갔다가 충남이 소식을 들었습니다.

"충남이 결혼했다고 하더라."

"그래?"

"미스코리아 나가려다 말았다는, 굉장한 미녀하고 결혼했단다."

2~3년 후에 다시 고향에 갔다가 충남이 이야기를 들었습니다.

"옥수야, 충남이 소식 들었냐?"

"무슨 소식?"

"충남이 자살했다고 하더라."

믿어지지 않았습니다. 그렇게 성격 좋은 친구가 자살했다는 것이 이해가 안 되었습니다.

저는 사람이 못됐고 까다로운 편입니다. 그래서 제 아내도 고생하고 우리 교회 성도들도 저 때문에 고생을 많이 합니다. 저도 제가 그런 줄 알기 때문에 한번씩 조용할 때면 '주님, 왜 날 사랑하셨습니까?' 하고 생각합니다.

율법을 지켜서 복을 받겠다는 약속은 깨졌기 때문에

요한복음 8장에서, 간음하다 잡힌 여자는 돌에 맞아 죽어야 했습니다. 그런데 성경을 읽어 보면 여자가 죽지 않고 살았습니다.

구약 성경에 보면, 이스라엘이 바벨론에 의해 망해서 많은 사람들이 포로로 잡혀갔습니다. 그때 시드기야 왕이 항복하지 않고 도망가다 사로잡혀서, 바벨론 왕이 시드기야가 보는 앞에서 왕자들을 다 죽인 뒤 그의 눈을 뽑아버렸습니다. 시드기야 왕이 마지막으로 본 것이 자기 아들들이 죽는 모습이었습니다. 이스라엘이 멸망했고, 많은 사람들이 바벨론으로 끌려갔습니다.

예레미야 성경을 보면, 하나님이 바벨론에 포로로 잡혀간 이스라엘 백성들을 사랑하셨습니다.

"열방이여 너희는 나 여호와의 말을 듣고 먼 섬에 전파하여 이르기를, 이스라엘을 흩으신 자가 그를 모으시고 목자가 그 양무리에게 행함같이 그를 지키시리로다."(렘 31:10)

지금까지는 하나님이 이스라엘을 흩었지만 이제는 그들을 다시 모으고 목자처럼 그들을 지키겠다고 하셨습니다.

"그때에 처녀는 춤추며 즐거워하겠고 청년과 노인이 함께 즐거워하리니 내가 그들의 슬픔을 돌이켜 즐겁게 하며 그들을 위로하여 근심한 후에 기쁨을 얻게 할 것임이니라."(렘 31:13)

"나 만군의 여호와 이스라엘의 하나님이 이같이 말하노라. 내가 그 사로잡힌 자를 돌아오게 할 때에 그들이 유다 땅과 그 성읍들에서 다시 이 말을 쓰리니 곧 '의로운 처소여, 거룩한 산이여, 여호와께서 네게 복 주시기를 원하노라' 할 것이며"(렘 31:23)

이스라엘 백성들을 사랑하시는 하나님의 마음이 예레미야 31장에 기록되어 나가다가 31절에서 하나님이 이렇게 말씀하셨습니다.

"나 여호와가 말하노라. 보라 날이 이르리니 내가 이스라엘 집과 유다 집에 새 언약을 세우리라."(렘 31:31)

한번은 제가 미국에 가서 큰 교회의 목사님을 만나 명함을 받는데, '뉴 커버넌트 처치(New Covenant Church, 새 언약 교회)'라고 되어 있었습니다. 제가 그 목사님에게 물었습니다.

"목사님, 교회 이름이 뉴 커버넌트 처치인데, 뉴 커버넌트가 뭔지 아십니까?"

목사님이 모른다고 해서 제가 설명해 주었습니다.

이스라엘 백성이 애굽에서 나온 뒤 하나님이 그들에게 '너희가 내 법을 다 지키면 복을 받고 지키지 못하면 저주를 받는다'고 말씀하셨습니다.

"네가 네 하나님 여호와의 말씀을 순종하면 이 모든 복이 네게 임하며 네게 미치리니, 성읍에서도 복을 받고 들에서도 복을 받을 것이며 … 네가 들어와도 복을 받고 나가도 복을 받을 것이니라."(신 28:2~6)

"네가 만일 네 하나님 여호와의 말씀을 순종하지 아니하여 내가 오늘날 네게 명하는 그 모든 명령과 규례를 지켜 행하지 아니하면 이 모든 저주가 네게 임하고 네게 미칠 것이니, 네가 성읍에서도 저주를 받으며 들에서도 저주를 받을 것이요 … 네가 들어와도 저주를 받고 나가도 저주를 받으리라."(신 28:15~19)

출애굽기 19장을 보면, 그때 이스라엘 백성들이 하나님의 법을 다 지키겠다고 약속했습니다.

"백성이 일제히 응답하여 가로되, 여호와의 명하신대로 우리가 다 행하리이다…."(출 19:8)

하지만 그들이 율법을 어겨 하나님이 약속대로 저주를 내리실 수밖에 없었습니다. 수많은 사람들이 율법을 어겨 죽었고, 결국 나라가 망하고 많은 사람들이 바벨론으로 사로잡혀 갔습니다.

그처럼 율법을 지키겠다고 약속했다가 어겨서 저주를 받은 이스라엘 백성들에게 하나님이 새 언약을 세우겠다고 약속하셨습니다.

"나 여호와가 말하노라. 이 언약은 내가 그들의 열조의 손을 잡고 애굽 땅에서 인도하여 내던 날에 세운 것과 같지 아니할 것은 내가 그들의 남편이 되었어도 그들이 내 언약을 파하였음이니라."(렘 31:32)

하나님이 '그들의 열조의 손을 잡고 애굽 땅에 인도하여 내던 날에 세운 것'은 율법입니다. 율법을 지키면 복을 받고 지키지 못하면 저주를 받는다는 약속이었습니다. 이스라엘 백성들이 지키겠다고 했지만 율법을 어겨 약속대로 저주를 받아야 했습니다. 율법을 지켜서 복을 받겠다는 약속은 깨졌기 때문에 율법은 가치를 잃었습니다. 그래서 하나님이 율법과 다른 새 언약을 세우겠다고 하셨습니다.

"그들이 다시는 각기 이웃과 형제를 가리켜 이르기를 '너는 여호와를 알라' 하지 아니하리니 이는 작은 자로부터 큰 자까지 다 나를 앎이니라. 내가 그들의 죄악을 사하고 다시는 그 죄를 기억지 아니하리라. 여호와의 말이니라."(렘 31:34)

새 언약은 인간이 일하는 것이 아닙니다. 하나님이 우리 죄악을 사하시고, 다시는 그 죄를 기억하시지 않겠다는 약속입니다. 하나님이 우리 죄악을 사하시면 우리 죄가 다 씻어져서 우리가 의롭게 되고, 그러면 우리가 복을 받는 것이 마땅합니다.

우리에게 필요한 것은 십계명이 아니라 새 언약

예레미야 성경에서 이 말씀을 읽고 그 다음에 요한복음 8장을 읽어야 합니다. 예수님이 감람산에서 주무시고 아침에 성전에 오셨습니다. 그때 서기관들과 바리새인들이 간음 중에 잡힌 여자를 끌고 예수님 앞에 와서 물었습니다.

"선생이여, 이 여자가 간음하다가 현장에서 잡혔나이다. 모세는 율법에 이러한 여자를 돌로 치라 명하였거니와 선생은 어떻게 말하겠나이까?"

간음하다 잡혀 끌려온 여자는 율법대로 하면 돌에 맞아서 죽어야 했습니다. 그 여자를 살리려면 법을 바꿔야 했습니다. 그런데 하나님이 **"보라, 날이 이르리니 내가 이스라엘 집과 유다 집에 새 언약을 세우리라."**라고 예레미야 성경에서 말씀하셨습니다. 그 말씀대로 예수님이 법을 바꾸기 위해 손가락으로 땅에 글씨를 쓰셨습니다.

하나님이 율법을 주실 때에도 돌판에 친히 십계명을 써서 주셨습니다. 새 언약도 예수님이 손가락으로 땅에 기록하셨습니다. 그 언약의 내용은 "내가 그들의 죄악을 사하고 다시는 그 죄를 기억지 아니하리라."입니다. 예수님이 손가락으로 쓰신 대로, 간음하다가 잡힌 여자의 죄를 하나님이 사하시고 그 죄를 기억하시지 않는 것입니다. 여자의 죄를 사하기 위해 예수님이 십자가에 못 박혀 죽으실 것이었습니다.

오늘날 전 세계에 수많은 교회들이 있지만 목사님들이 성경을 잘 보지 않습니다. 십계명만 보고 자꾸 '십계명을 지켜야 한다'고 해서 교인들을 다 죄인을 만듭니다. 그러나 이제 우리가 하나님의 새 언약을 알아야 합니다.

"내가 그들의 죄악을 사하고 다시는 그 죄를 기억지 아니하리라."

하나님이 이 언약을 가지고 이스라엘을 축복하고 은혜를 베풀겠다고 하셨습니다. 저는 1962년에 그 복을 받았습니다.

'아, 예수님이 십자가에 못 박히셔서 내 죄를 다 씻으셨구나. 내

가 벌을 받아야 할 죄가 남아 있지 않구나. 내 죄가 없구나. 내가 의롭구나.'

성경에는 두 개의 언약이 있습니다. 첫 언약에서는, 율법을 지키면 복을 받고 못 지키면 저주를 받아야 합니다. 새 언약에서는, 하나님이 우리 죄악을 사하시고 우리 죄를 기억하시지 않습니다. 첫 언약에서는 우리가 무엇을 해야 했고, 새 언약에서는 하나님이 일하십니다. 만약 하나님이 우리 죄를 사하시지 않으면 하나님이 거짓말한 것이 됩니다. 우리 죄를 사하겠다고 약속하셨기 때문입니다.

성경은, 하나님이 우리 죄를 다 사하셨다고 했습니다. 하나님이 우리 죄를 기억하시지 않는다고 했습니다. 예수님이 십자가에서 우리 죄를 눈같이 희게 씻으셨습니다. 우리가 죄인이 아닙니다. 그것을 믿는 것이 예수님을 믿는 것입니다.

하나님이 우리를 사랑하셔서 우리가 지옥에 가는 것을 놔두실 수 없었습니다. 그래서 예수님을 세상에 보내 우리 죄를 다 씻으셨습니다. 누구든지 이것을 믿으면 하나님의 복을 받습니다. 저도 내 죄가 씻어진 것을 믿은 뒤 하나님이 우리 집에 한없는 은혜와 복을 내리시는 것을 보았습니다.

제 딸이 죄 사함을 받은 뒤 크게 변하는 것을 보았습니다. 딸이 중학생 때, 실험실에서 폭발한 염산이 딸 머리에 떨어져 다쳤습니다. 딸이 머리에 붕대를 감아 버스를 타고 학교에 다닐 수 없어서 제가 차에 태워서 등하교를 시켰습니다. 차 안에서 자연스럽게 죄 사함에 대해 이야기하다 보니, 딸 마음에 구원의 확신이 자리 잡지 못한 것을 알고 제가 자세히 이야기해 주었습니다. 때로는 등교하다 차를 한쪽에 세워 놓고 설명해 주었습니다. 그때 딸이 죄 사함을 받았습니다.

그 후 딸이 크게 변했습니다. 자기를 위해 살려고 하지 않고 예수님을 위해 살려고 했습니다. 지금은 그라시아스합창단의 단장으로 주님을 섬기며 복음을 위해 살고 있습니다. 아들도 목사가 되어 뉴욕에서 마음을 쏟아 목회하고 있어서 정말 감사합니다. 손자들도 앞으로 다 복음 전도자로 키우려고 하며, 큰손자는 신학교에 들어와서 신앙을 배우고 있습니다. 제가 정말 행복합니다.

제 가슴이 너무 아픈 것이, 제가 만나본 많은 목사님들이 십계명은 아는데 새 언약을 아는 분은 거의 없었습니다. 우리에게 필요한 것은 십계명이 아닙니다. 우리는 다 죄를 지었기 때문에 우리에게는 새 언약이 필요합니다.

"내가 그들의 죄악을 사하고 다시는 그 죄를 기억지 아니하리라."

율법으로 재판하면 돌에 맞아 죽어야 할 간음하다 잡힌 여자 앞에서 예수님이 새 언약을 쓰셨습니다. 그리고 나서 여자에게 '나도 너를 정죄하지 않는다'고 하셨습니다. 간음한 여자를 정죄하시지 않는 하나님은 우리도 정죄하시지 않습니다. 기뻐하십시오. 감사하십시오. 찬양하십시오.

저는 1962년부터 60년을 이 복음만 전했습니다. 많은 나라에서 높고 낮은 모든 사람에게 죄가 씻어진 이야기를 했습니다. 우리 모두 이 사실을 믿고, 또 복음을 전해서 한 사람도 지옥에 가는 사람 없이 하늘나라에 갈 수 있게 하면 좋겠습니다.

10

영원한 속죄와
삶의 축복

제 10 장

영원한 속죄와
삶의 축복

이번에 잠실실내체육관에서 가진 집회가 정말 좋았습니다. 해외에서 100명쯤 되는 귀한 목사님들이 와서 집회에 참석하며 함께 정말 좋은 시간을 보냈습니다. 그라시아스합창단의 노래를 듣는 것도 말할 수 없이 행복했습니다. 집회를 마치고 밤에 집까지 자동차를 몰고 가면서 한없이 감격스러웠습니다. 하나님이 우리 가운데 하신 일들을 생각하면 '내가 어떻게 이런 복을 받았나!'라는 마음이 깊이 듭니다.

히브리서 9장 11절부터 읽겠습니다.
"그리스도께서 장래 좋은 일의 대제사장으로 오사 손으로 짓지 아니한, 곧 이 창조에 속하지 아니한 더 크고 온전한 장막으로 말미암아 염소와 송아지의 피로 아니하고 오직 자기 피로 영원한 속죄를 이루사 단번에 성소에 들어가셨느니라. 염소와 황소의 피와 및 암송아지의 재로 부정한 자에게 뿌려 그 육체를 정결케 하여 거룩케 하거든 하물며 영원하신 성령으로 말미암아 흠 없는 자기를 하나님께 드린 그리스도의 피가 어찌 너희 양심으로 죽은 행실에서 깨끗하게 하고 살아 계신 하나님을 섬기게 못하겠느뇨."(히 9:11~14)

    세상에 많은 교회가 있고, 주일이 되면 수많은 사람들이 교회에 가서 예배를 드리지만 죄 때문에 고통하고 있습니다. 성경은 그리스도께서 십자가에 못 박혀서 우리 죄를 다 씻었다고 분명히 이야기합니다. 그런데 사람들은 교회에 가서 "주여, 죄를 용서해 주십시오."라고 빕니다. 예수님을 믿는다고 하면서 죄가 씻어진 사실을 믿지 못하고 있습니다. 죄 때문에 괴로워하면서 죄를 씻기 위해 금식하고 산에 가서 부르짖으며 기도합니다.

    정말 신기한 것은, 우리가 지혜로운 것도 아니고 잘나거나 똑똑한 것도 아닌데 죄가 씻어진 사실을 믿고 있다는 것입니다. 세상의 수많은 기독교인들이 죄인이라고 하며 늘 죄를 용서해 달라고 하는데, 우리는 모든 죄가 씻어져서 의롭게 되었습니다. '하나님이 우리 죄를 영원히 사하셨다. 우리 죄를 영원히 기억하시지 않는다.' 이것이 얼마나 놀라운 사실인지 모릅니다.

    저는 열아홉 살까지 정말 어둡게 살았습니다. 제가 열아홉 살이 되었을 때 인생에 아무 소망이 없었습니다. 공부도 중단하고 직장도 갖지 못하고, 할 수 있는 일이 아무것도 없었습니다. 집에서 아버지가 농사짓는 것을 조금 거들긴 했지만 내 주머니에는 10원짜리 하나 없었습니다. 당시는 우리나라 사람들이 대부분 가난하게 살던 시절이었지만 저는 그 중에서도 더 힘들었습니다. '뭘 해서 밥을 먹지?' 앞으로 어떻게 살아야 할지 생각하면 막막하고 답답했습니다. 그렇게 지내다가 1962년 10월 7일, 내 죄가 사해졌다는 사실을 알았습니다. 예수님이 내 마음에 들어오신 그날부터 예수님이 내 인생을 바꾸어 가셨습니다.

나는 거룩해졌습니다, 나는 의로워졌습니다
오늘 교회에 다니는 많은 분들이 가장 힘들어하는 것이, 죽음 앞에 설 때 너무 두렵다는 것입니다.

　제가 첫 시간에도 이야기했지만, 2012년에 가나에서 청소년들을 위한 캠프를 열었습니다. 2,200명의 학생들이 참석한 캠프에 제가 강연하기 위해 갔는데, 첫날 가진 개막식에 대통령 영부인이 참석해서 축하 메시지를 전해 주셨습니다. 정말 고마웠습니다. 보통 대통령 영부인은 바빠서 축사를 마치면 바로 행사장을 떠나는데, 그분은 축사를 마친 뒤 다시 객석으로 돌아와 제 옆자리에 앉으셨습니다. 제가 학생들에게 한 강연도 듣고 행사가 끝날 때까지 자리를 지키셨습니다. 개막식을 마치고 사람들이 흩어지는데 영부인이 저에게 다가와 말씀하셨습니다.

　"목사님, 대통령이 굉장히 위중합니다. 목사님께서 대통령을 위해 기도해 주실 수 있습니까?"

　다음날 대통령 궁에 갔습니다. 존 아타 밀스 대통령은 1944년생으로 저와 나이가 같았습니다. 대통령이 저에게 말씀하셨습니다.

"목사님, 내가 오늘 아침에 눈을 떴을 때 내가 앞으로 며칠을 더 살까 생각해 보았습니다. 많이 살면 5일 살 것 같습니다."

대통령의 몸 상태가 많이 안 좋았습니다.

"나는 가나에서 믿음이 제일 좋은 대통령으로 인정받고 있습니다. 특별한 일이 없으면 주일 예배에 다 참석했습니다. 그런데 저도 죄를 지었습니다. 죄인은 하나님 앞에 설 수 없다는 것을 알기에 너무나 두렵습니다."

제가 대통령에게 이야기했습니다.

"각하가 죄인인 것을 어떻게 아셨습니까?"

"내가 죄를 지었으니 죄인 아닙니까?"

"그렇지 않습니다. 죄는 재판관이 판결합니다. 우리 죄를 판결하시는 분은 하나님입니다. 하나님이 각하의 죄에 대해 판결한 판결문을 보신 적이 있습니까?"

"그게 어디 있습니까?"

"성경에 있습니다. 보길 원하십니까?"

"예, 보고 싶습니다."

제가 로마서 3장을 펴서 23~24절을 읽어 드렸습니다.

"모든 사람이 죄를 범하였으매 하나님의 영광에 이르지 못하더니, 그리스도 예수 안에 있는 구속으로 말미암아 하나님의 은혜로 값 없이 의롭다 하심을 얻은 자 되었느니라."(롬 3:23~24)

"이것이 각하의 죄에 대한 하나님의 판결문입니다. '존 아타 밀스 대통령은 죄를 지었다. 그래서 저주를 받아 마땅하다. 그런데 그리스도 예수께서 그 죄를 위해 죽으심으로 말미암아 하나님의 은혜로 의롭게 되었다.' 성경이 이렇게 말합니다."

고린도전서 6장 말씀도 찾아서 보여 드렸습니다.

"도적이나 탐람하는 자나 술 취하는 자나 후욕하는 자나 토색하는 자들은 하나님의 나라를 유업으로 받지 못하리라."(고전 6:10)

10절 앞부분에서 이야기한 것과 같은 죄를 지은 사람은 하늘나라에 가지 못한다고 했습니다. 그런데 11절에 놀라운 이야기가 나옵니다.

"너희 중에 이와 같은 자들이 있더니, 주 예수 그리스도의 이름과 우리 하나님의 성령 안에서 씻음과 거룩함과 의롭다 하심을 얻었느니라."(고전 6:11)

우리 죄가 다 씻어져서 우리가 거룩하고 의롭게 되었다는 것입니다. 이 구절이 영어 성경에는 "그러나 너는 씻어졌다. 그러나 너는 거룩해졌다. 그러나 너는 의로워졌다."라고 되어 있습니다. 대통령께서 이 말씀을 듣고 이렇게 이야기하셨습니다.

"나는 씻어졌습니다. 나는 거룩해졌습니다. 나는 의로워졌습니다."

그리고 덧붙여 이야기하셨습니다.

"이제 이 말씀을 마음에 담고 내가 좀 쉬고 싶습니다." 대통령과 이야기를 마치고 캠프 장소로 돌아온 뒤 4시간쯤 지나 영부인께서 전화를 하셨습니다.

"대통령께서 영원한 안식을 얻기 위해 지금 주님의 부르심을 입었습니다."

저는 목사가 되어, 보통 사람이 누리지 못하는 기쁨을 자주 누렸습니다. 보통 사람이 누리지 못하는 평안과 만족을 누렸습니다. 보통 사람이 주고받을 수 없는 사랑을 느꼈습니다. 예수님과 저의 관계가 그렇게 이어져 갔습니다. 복음을 위해 살다 보면 피곤할 때도 있고 힘들 때도 있지만 문제가 안 됩니다. 예수님이 저와 함께하시기 때문입니다. 세상의 어떤 연애편지가 이보다 좋겠습니까!

그냥 속죄가 아니라 영원한 속죄를 이루셨다
성경 말씀이 너무 놀라운 것이, 예수님이 이루신 큰일을 우리에게 이야기해 줍니다. 특별히 히브리서에 자세히 기록되어 있습니다.
　"그리스도께서 장래 좋은 일의 대제사장으로 오사 손으로 짓지 아니한, 곧 이 창조에 속하지 아니한 더 크고 온전한 장막으로 말미암아 염소와 송아지의 피로 아니하고 오직 자기 피로 영원한 속죄를 이루사 단번에 성소에 들어가셨느니라."(히 9:11~12)
　우리 죄를 씻기 위해 세상에 오신 예수님은, 손으로 만든 이 세상에 있는 성전이 아닌 하늘나라 성전에서 속죄제사를 드리셨습니다. 이 세상에 속한 성전에서는 염소와 송아지의 피로 제사를 드렸지만, 예수님은 십자가에서 흘리신 당신의 피로 하늘나라 성전에서 영원한 속죄를 이루셨습니다. 영원한 속죄! 우리 죄가 영원히 씻어져서 언제 어느 때에도 죄를 찾을 수 없는 속죄입니다. 단 한 번에 예수님이 그 일을 마치셨습니다. 우리 안에 이 사실이 이루어지면 무슨 일을 만나도 두렵지 않고 근심이 되지 않습니다.
　저는 매일 이 복음을 외치고 다닙니다. 제 삶에는 늘 죄 사함을 받는 역사가 뒤따릅니다. 어느 도시에 가서 집회를 하든지 영원히 죄를 사함 받은 사람들이 일어납니다. 지난 봄에는 브라질에 가서 집회를 했습니다. 첫날 대통령을 뵙고, 그 다음날은 브라질에서 가장 큰 '어셈블리 오브 갓 Assembly of God' 교단의 본부 교회에서 그곳에 모인 목회자 2천 명에게 말씀을 전했습니다. 8천 명이 모이는 예배당이어서 2천 명이 모여도 좌석의 3분의 1도 차지 않았습니다. 예수님의 피로 죄 사함 받는 이야기를 했습니다. 설교를 마치자, 총회장 목사님이 깊이 감동을 받아 저에게 "목사님, 이 교회는 목사님의 교회입니다. 언제든지 오셔서 말씀을 전해주십시오."라고 했습니다.

세계 어느 곳에서든지 제가 가는 곳마다 하나님께서 복음 전할 길을 여십니다. 제가 잘나거나 똑똑해서 이런 일이 이루어지는 것이 아닙니다. 저는 성경에 기록된 하나님의 말씀을 믿은 것밖에 없습니다. 성경 말씀을 믿는 것이 그렇게 어렵지 않습니다. '예수님이 십자가에 못 박혀 죽어서 내 죄를 다 씻으셨다.' 이것이 뭐가 어렵습니까? 사람들이 사탄에게 속아서 그렇지, 전혀 어렵지 않습니다.

예수님이 영원한 속죄를 이루셨습니다. 그냥 속죄가 아니라 영원한 속죄입니다. 여러분이 언제 어디에서 무슨 일을 해도 여러분 속에서 죄를 찾아볼 수 없도록 완벽한 속죄를 예수님이 이루셨습니다. 우리가 춤을 추며 감사해야 합니다.

하려고 하는 이야기보다 받은 은혜가 더 크기에
제가 한번씩 나 같은 인간을 위해 예수님이 십자가에서 피를 흘리고 죽으신 것을 생각하면 얼마나 감사한지 말로 다 할 수 없습니다. 시간이 나면 속으로 예수님께 물어봅니다.

'예수님, 왜 날 사랑하셨습니까? 이 많은 사람들 가운데 왜 나를 사랑하셨습니까? 왜 성격도 못됐고 까다롭고 키도 작고 못생긴 나를 구원하셔서 복음 전하는 일을 맡기셨습니까?'

저는 잘난 것이 없어서 다른 것으로는 사람들 앞에 나설 수 없는 사람입니다. 예수님이 우리 죄를 사해 놓으신 것을 전하는 일만 자신 있게 할 수 있습니다. 제가 말씀을 전하려고 강단에 설 때마다 감격스러운 것이, 제가 하려고 하는 이야기보다 받은 은혜가 더 크기 때문입니다. 너무나 큰 은혜를 입었기 때문에 밥을 먹어도 감사하고 굶어도 감사하고, 날씨가 추워도 감사하고 더워도 감사하고, 있어도 감사하고 없어도 감사합니다.

얼마 전, 미국에 사는 손자가 면허증을 땄다고 해서 제가 조그마한 차를 사주었습니다. 미국에서는 18세가 되면 면허증이 나옵니다. 오래 전에 제 아들이 면허증을 땄을 때에도 미국에서 제일 싼 차를 찾아서 '에스코트'란 차를 사주었습니다. 아들이 기쁨을 감추지 못했습니다. 이번에 손자에게 차를 사주었을 때에도 손자가 기쁨을 감추지 못했습니다. 하나님이 저에게 많은 은혜를 베풀어주셔서 제가 손자를 위할 수 있어서 정말 감사했습니다. 복음 전하는 일을 처음 시작했을 때에는 우리가 자주 굶기도 했지만 지금은 아무 부족함 없이 살고 있습니다. 우리 교회 성도들을 보아도, 형제 자매들이 죄 사함을 받아 기뻐하고 감사하면서 사는 모습이 정말 좋습니다.

저에게 나이 많은 고모님이 한 분 계십니다. 언젠가 고모님을 뵈었는데 저에게 "박 목사, 큰 교회 목사지? 월급 얼마나 받노?" 하고 물으시더니, "월급 받거든 모아서 나한테 가져와라. 내가 아파트 사줄게."라고 하셨습니다. 고모님이 다니는 교회의 목사님도 돈을 모아서 아파트를 샀다고 덧붙이면서 늙기 전에 아파트를 사놓아야 한다고 하셨습니다. 제가 웃으면서 "아파트를 사면 제가 더 잘 사지, 할머니인 고모님이 더 잘 사시겠습니까?" 하고는 차를 타고 나왔습니다.

교회로 돌아오는 길에 '나도 아파트를 하나 사볼까?'라는 생각을 잠시 해보았습니다. 그러다가 깜짝 놀랐습니다. 속에서 '박 목사, 늙을 준비 해놓았네. 내가 안 보살펴도 되겠네.'라는 소리가 들려 기절할 뻔했습니다. 제가 늙으면 필요한 것이 아파트가 다가 아니지 않습니까? 내가 내 노후를 준비하는 것과 예수님이 내 노후를 준비하시는 것은 비교가 안 됩니다. 그래서 저는 노후 준비를 일부러 하나도 안 했습니다.

저는 한번씩 이런 생각을 합니다. '내가 늙어서 은퇴하면 교회 2층에 있는 작은 방 하나만 써도 충분하겠다.' 교회에서 지내면서 형제 자매들과 신앙 이야기도 하고 우리 선교회 목회자들이 시험 들었던 이야기도 하면서 지내면 아주 재미있을 것 같습니다.

하나님이 구원받은 우리를 도우십니다. 제가 늙어가지만 하나님이 저를 도우시는 것이 정말 놀랍습니다. 요즘은 세계 어느 나라를 가든지 목회자들이 모이면 제가 나이가 제일 많습니다. 목회하는 분들 가운데 저보다 나이가 많은 목사님을 최근에는 만난 적이 없습니다. 하나님이 제 삶에 허락해주시는 것들이 저를 너무 행복하게 합니다.

이 모든 것이 예수님이 이루신 영원한 속죄 덕분에 주어진 축복들입니다.

"**염소와 황소의 피와 및 암송아지의 재로 부정한 자에게 뿌려 그**

육체를 정결케 하여 거룩케 하거든, 하물며 영원하신 성령으로 말미암아 흠 없는 자기를 하나님께 드린 그리스도의 피가 어찌 너희 양심으로 죽은 행실에서 깨끗하게 하고 살아 계신 하나님을 섬기게 못하겠느뇨."(히 9:13~14)

구약 시대에 염소와 송아지의 피로도 죄를 씻었는데, 하물며 영원하신 성령으로 말미암아 흠 없는 자기를 하나님께 드린 그리스도의 피가 어찌 우리를 깨끗하게 못 하겠습니까? 우리가 하나님의 은혜로 구원받았고, 구원받은 후 모든 일을 하나님이 은혜롭게 이끌어 주셨습니다.

집회 마지막 시간인데 두어 분에게 간증할 기회를 드리겠습니다. 간증하고 싶으신 분은 앞으로 나오시기 바랍니다.

목회자 간증 1

이 시간을, 하나님의 사람을 평생 잊지 못할 것입니다

달릿소 마테케냐 (Dalitso Matekenya, 말라위 침례교회 총회장)

예레미야 성경에 이런 말씀이 있습니다.

"내가 다시는 여호와를 선포하지 아니하며 그 이름으로 말하지 아니하리라 하면 나의 중심이 불붙는 것 같아서 골수에 사무치니 답답하여 견딜 수 없나이다."(렘 20:9)

무엇이 박옥수 목사님으로 하여금 하나님의 말씀을 전하게 합니까? 말씀을 전하지 않으면 목사님의 중심이 불붙는 것 같기 때문일 것입니다. 아무도 그 불을 막을 수 없습니다.

제가 이번 성경세미나에 참석하게 되어 정말 감사합니다. 아주 많은 것을 배웠습니다. 무엇보다 먼저, 우리가 의롭게 되었다는 사실을 배웠습니다. 예수 그리스도께서 이루신 구속으로 말미암아, 하나님의 은혜로 우리가 의롭게 되었습니다. 같은 이야기지만, 새 언약에 대해서 배웠습니다. 사람들은 대부분 신약 성경이 새 언약의 시작이라고 생각합니다. 이번에 새 언약이 오래 전 구약 성경에서부터 시작되었다는 사실을 알았습니다. 예레미야 31장 31절에서 하나님이 새 언약을 세우겠다고 말씀하셨습니다.

"나 여호와가 말하노라. 보라 날이 이르리니 내가 이스라엘 집과 유다 집에 새 언약을 세우리라."(렘 31:31)

정말 강력한 말씀입니다.

저는 올 3월에 박옥수 목사님을 처음 뵈었습니다. 목사님이 말라위에 오셨고, 그곳에서 많은 목회자들에게 말씀을 전해주셨습니다. 목사님이 전하신 말씀을 듣고 우리가 깜짝 놀랐습니다. 그날 대통령께서 목사님을 대통령 궁으로 부르셨습니다. 대통령께서는 목사님이 말라위에 가지고 오신 메시지로 인해 정말 기뻐하셨습니다. 대통령께서 이번에 저와 함께 한국을 방문한 대통령 종교자문 목사님 편에 박 목사님께 드릴 메시지를 보내셨습니다. 대통령께서는 목사님에게 따뜻한 마음을 전하며 목사님이 건강하시길 바라셨습니다.

제가 개인적으로 박옥수 목사님에 대해 조금 말씀드리고 싶습니다. 하나님의 사람이 얼마나 겸손하신지 모릅니다. 우리가 목사님이 전해주신 소중한 말씀도 배웠지만 목사님의 삶에서도 많은 부분을 배울 수 있었습니다. 목사님은 성경 말씀을 전하시면서 삶에서도 본을 보여 주셨습니다. 그렇게 사람들을 이끌고 계십니다.

어떤 목회자는 세계 곳곳을 다니면서 이런저런 말씀을 전하지만, 자신이 있는 곳에서는 힘있게 일하지 못하는 경우가 많습니다. 우리와 함께하는 하나님의 사람은 근래에 이스라엘에서도 큰일을 하시고, 한국에 와서도 큰일을 하시는 것을 보았습니다. 하나님의 말씀, 겸비한 삶, 어디에서나 복음을 힘있게 전하시는 모습, 이렇게 많은 것을 제 마음에 가득 담고 우리나라로 돌아갑니다.

  이 시간을 평생 잊을 수 없을 것입니다. 하나님의 사람을 평생 잊지 못할 것입니다. 목사님을 위해 계속 기도하겠습니다. 제가 이곳에서 사람들이 박 목사님을 이단시한다는 이야기를 들었습니다. 사람들은 하나님의 좋은 열매를 맺는 나무를 향해 돌을 던집니다. 박 목사님께 말씀드립니다.

  "사람들이 하는 말을 듣고 걱정하지 마시고 하나님의 말씀을 계속 전해주십시오. 하나님의 선한 일을 계속해 주십시오. 목사님은 혼자가 아닙니다. 우리가 목사님과 함께하고, 또 사람들이 목사님과 함께합니다. 우리가 하나님의 사람을 위해 기도하겠습니다."

  하나님께서 박옥수 목사님을 축복하시고, 한국을 축복하시길 바랍니다.

목회자 간증 2

들은 말씀들을 벌써
전하기 시작했습니다

카폰도로 텐다이 ((Kapondoro Tendai, 짐바브웨 양문교회 설립자)

예수 그리스도의 이름으로 문안드립니다. 아름다운 나라 짐바브웨에서 인사드립니다. 저는 텐다이 목사이며, 한국에 처음 왔습니다.

아프리카에서 몇몇 집회에 초청받은 적이 있는데 이번 집회에 오면서도 그와 비슷한 집회일 줄 알았습니다. 제가 하나님의 은혜를 받으러 온 줄 몰랐습니다.

하나님은 모든 시기에 당신의 말씀을 들을 수 있도록 당신의 종을 세우십니다. 이 시대에는 박옥수 목사님입니다. 박 목사님은 성경에 기록된 한 말씀을 이루셨습니다. 누가복음 24장 46~47절입니다.

"또 이르시되, 이같이 그리스도가 고난을 받고 제 삼일에 죽은 자 가운데서 살아날 것과 또 그의 이름으로 죄 사함을 얻게 하는 회개가 예루살렘으로부터 시작하여 모든 족속에게 전파될 것이 기록되었으니"(눅 24:46~47)

목사님은 모든 족속에게 죄 사함의 말씀을 전하고 계십니다.

제 마음이 가득 차서, 이번에 한국에서 배운 것을 하루 종일 이야기할 수 있을 것 같습니다. 첫날부터 지금까지 저는 박 목사님께 '더 주십시오, 더 주십시오' 하고 있습니다. 그리고 제가 들은 말씀들을 짐바브웨에 있는 동료들과 나누고 있습니다. 제가 짐바브웨로 돌아갈 때까지 기다리지 못하고 벌써 들은 말씀들을 전하기 시작했습니다. 제 마음이 이처럼 급한 것은, 박 목사님이 말씀하신 대로 사람이 교회에 30년을 다녀도 죄 사함을 받지 못했을 수 있기 때문입니다. 그래서 죽음 앞에 섰을 때 가장 고통스럽습니다. 지옥에 가기 때문입니다. 그런데 죄 사함을 받으면 우리가 천국에 갑니다.

박 목사님이 전하신 말씀은 아주 단순하고 쉽습니다. 하지만 아주 강력한 힘이 있습니다. 전 세계의 수많은 교회들에는 바로 이 힘이 없습니다. 하나님께서 참된 복음을 전하도록 한 사람을 세우셨습니다. 이 하나님의 사람이 전 세계를 어떻게 감동시키고 있는지 생각해 보았습니다. 이 단순한 복음을 대통령들에게 전하시고, 각양각색의 사람들에게 전하셨습니다.

박 목사님은 복음을 자신이 먼저 받아들였습니다. 목사님은 복음을 받아들이기 전에 자신이 어떻게 죄를 지으며 살았는지 말씀하십니다. 대부분의 목회자들은 과거에 지은 죄를 가리기에 바쁩니다. 단상에 서서 성도들에게 말씀을 전할 때 과거에 거룩하게 살았던 것처럼 말합니다. 제가 만난 하나님의 사람은 그렇지 않았습니다. "제가 도둑질을 아주 많이 했습니다." 설교자가 이렇게 말하기 쉽지 않습니다. 저는 박 목사님이 자신이 지은 죄를 말하는 것을 보았습니다. 그래서 말씀을 듣는 사람들이 마음을 열고 복음을 받아들일 수 있도록 하는 것을 보았습니다. 목사님이 그렇게 하시면 저도 그렇게 할 수 있습니다. 목사님이 제 마음을 그렇게 이끌어 가십니다.

마지막으로, 하나님의 말씀이 굉장히 깊다는 사실을 알았습니다. 목사님이, 첫 언약은 하나님이 돌판에 쓰셨다고 했습니다. 그리고 새 언약은 예수님이 손가락으로 땅에 쓰셨습니다. 이 사실이 제 마음에 깊은 감동을 주었습니다. 저로서는 발견할 수 없는 하나님의 말씀입니다.

저는 의롭게 되었습니다. 이제 나 자신도 정죄하지 않지만 다른 사람도 정죄하지 않습니다. 이제 저는 어깨를 쫙 펴고 삽니다. 모든 죄를 사함 받았기 때문입니다.

목회자 간증 3

이제 법궤 안에 있는 십계명이 아니라 속죄소를 바라봅니다

타미 조아네 (Tammy Zwane, 에스와티니 개신교연합회 최고위원)

예수 그리스도의 이름으로 인사드립니다. 작은 나라 에스와티니에서 온 타미 조와네 목사입니다. 이 자리에 참석한 우리 모두 큰 축복과 은혜를 받았습니다. 우리를 이 자리에 오게 해주신 하나님께 감사드립니다.

박 목사님이 요한복음 1장 29절 말씀을 전해 주셨습니다.
"보라, 세상 죄를 지고 가는 하나님의 어린양이로다."
저도 성경에서 이 구절을 많이 보았습니다. 이 구절을 가지고 설교도 여러 번 했습니다. 그런데 하나님의 사람이 이 말씀으로 제 마음에 하늘의 빛을 비추어 주었습니다. 예수님이 세상 죄를 지고 가셨습니다. 주님이 우리 죄를 다 가져가셨습니다. 우리 죄를 지고 십자가에 못 박혀 우리 죄를 씻는 일을 다 이루셨습니다.

한 가지 더 말씀드리고 싶습니다. 하나님이 십계명이 새겨진 돌판을 법궤 안에 넣으라고 하셨습니다. 그리고 법궤 뚜껑인 속죄소로 법궤를 덮었습니다. 우리가 더 이상 율법을 쳐다보지 못하게 하셨습니다. 사람 가운데 율법을 지킬 수 있는 사람은 아무도 없기 때문입니다. 우리는 이제 법궤 안에 있는 십계명이 아니라 속죄소를 바라봅니다. 하나님이 이루신 속죄, 하나님의 긍휼을 바라봅니다.

이 말씀들이 제 안에서 모든 것을 하나로 묶어 주었습니다. 모든 것을 이해할 수 있게 해주었습니다. 하나님의 말씀을 전해주신 박 목사님께 감사합니다. 하나님이 저를 이곳에 불러주셔서 감사합니다.

죄에서
벗어나

초판 2022년 12월 23일

지은이 **박옥수**

책임편집 **박민희**
북디자인 **권은혜**
인쇄제작 **김천호**

발행처 **도서출판 기쁜소식**
출판신고 **제2006-44호**
주　　소 **서울시 양천구 신월로24길 8**
문의처 **02-2690-8860**
이메일 **edit@goodnews.kr**
인쇄·제본 **프린트세일**

ⓒ 2022. 박옥수. All rights reserved.

이 책은 저작권법에 따라 보호받는 저작물이므로 무단 전재와 무단 복제를 금지하며,
이 책 내용의 전부 또는 일부를 이용하려면 반드시 출판사의 서면동의를 받아야 합니다.
책값은 뒤표지에 있습니다.

ISBN 978-89-6443-094-1 (03230)